新型工业化 · 新制造 · 飞行器系列

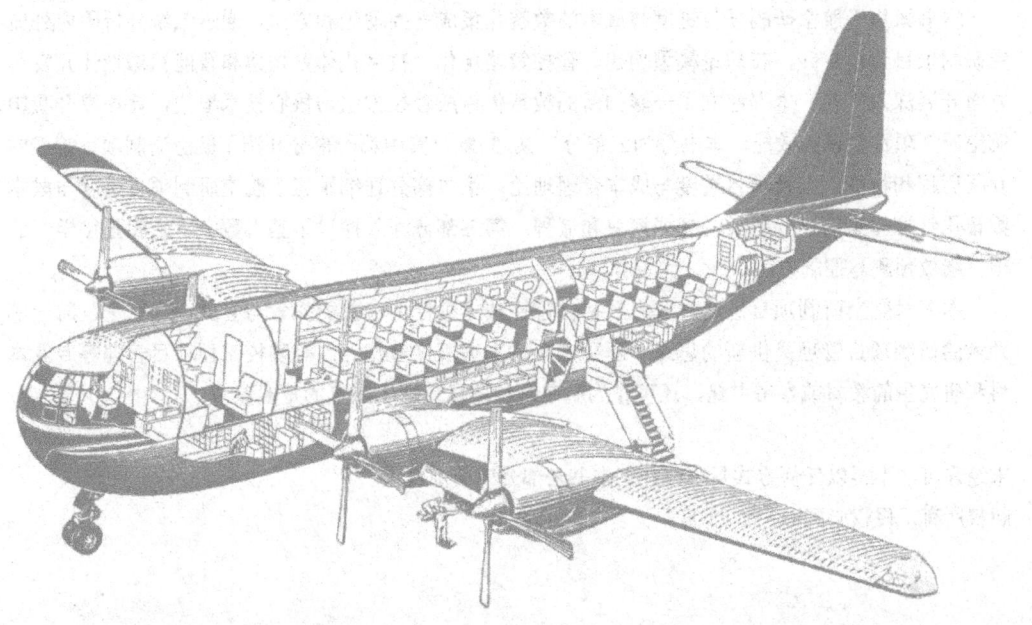

航空研制项目进度与成本数智化管控理论和方法

晏鹏宇　袁泽建／编著

電子工業出版社·
Publishing House of Electronics Industry
北京·BEIJING

内 容 简 介

本书聚焦于航空研制项目进度与成本的数智化集成管控理论和方法，通过系统分析国内外航空研制项目管理实践，在理论模型构建、管控策略优化、数字化体系构建和智能算法设计开发等方面开展深入研究。本书建立了一套创新的数智化集成管控方法与核心技术框架，旨在提升我国航空研制项目管理的效能。本书分为三部分，共 9 章，其中第一部分介绍了航空研制项目管理的发展历程和特征，以及项目进度与成本管理理论；第二部分详细阐述了航空研制项目进度与成本数智化管控体系的设计框架、功能模块和流程；第三部分深入探讨了基于数字孪生和强化学习的项目绩效预测与控制方法。

本书对航空研制项目进度与成本数智化管控技术进行了有益的探索与尝试，为航空、航天等领域的研制项目管理提供新的思路和解决方案。本书不仅可作为高等院校工程项目管理等专业本科和研究生的教材或参考书籍，还可作为航空研制项目管理实践者的重要参考。

未经许可，不得以任何方式复制或抄袭本书之部分或全部内容。
版权所有，侵权必究。

图书在版编目（CIP）数据

航空研制项目进度与成本数智化管控理论和方法 /
晏鹏宇，袁泽建编著. -- 北京 ：电子工业出版社，
2025. 3. -- ISBN 978-7-121-49802-2

Ⅰ. F407.567.2

中国国家版本馆 CIP 数据核字第 20252VT918 号

责任编辑：刘 瑀
印　　刷：河北虎彩印刷有限公司
装　　订：河北虎彩印刷有限公司
出版发行：电子工业出版社
　　　　　北京市海淀区万寿路 173 信箱　　邮编：100036
开　　本：787×1092　1/16　印张：8　　字数：141 千字
版　　次：2025 年 3 月第 1 版
印　　次：2025 年 3 月第 1 次印刷
定　　价：68.00 元

凡所购买电子工业出版社图书有缺损问题，请向购买书店调换。若书店售缺，请与本社发行部联系，联系及邮购电话：（010）88254888，88258888。

质量投诉请发邮件至 zlts@phei.com.cn，盗版侵权举报请发邮件至 dbqq@phei.com.cn。

本书咨询联系方式：liuy01@phei.com.cn。

前　言

在全球航空技术和产业迅猛发展的背景下，航空研制项目管理已经成为一门复杂而关键的学科分支。从项目的概念设计到最终交付，每个环节都需要精细的规划、多方的严密执行以及创新的管理方法。这种复杂性主要源于航空研制项目的多维度特性。技术层面上，现代航空器涉及众多尖端科技，如先进材料、智能控制系统、高效推进技术等，这些技术的整合需要跨学科的协作和创新。管理层面上，航空研制往往涉及大量的供应商和合作伙伴，需要高效的供应链管理和风险控制。再者，严格的安全和认证要求也增添了额外的复杂性。

在我国内外部环境深刻变化的背景下，无论是在民用还是军用领域，航空研制正在经历一场深刻的变革，航空研制项目管理也面临着前所未有的挑战和机遇。传统的职能式管理正逐步向敏捷管理转变，以应对快速变化的外部需求和技术环境。同时，基于模型的系统工程（Model-Based Systems Engineering，MBSE）方法正在得到广泛应用，以提高系统设计的效率和准确性。此外，经济性和可持续发展理念也正在深刻影响航空研制项目的各个环节。在上述变革进程中，数字化和智能化技术为项目管理效率与效果的提升提供了有效的方法与工具。例如，数字孪生技术可以在虚拟环境中建立项目研制全过程的数字化模型，通过对项目绩效状态数据的实时收集、追踪和监控，可以及时发现项目范围、进度、成本等方面的绩效偏差，同时通过自动化数据汇总、分析和评估，大大降低了管理人员的工作强度。机器学习和人工智能技术可以通过对项目历史数据的探索与学习，为项目管理人员提供更智能、更精准的管理决策支持。然而，如何将这些新技术融入当前的航空研制项目管理体制与系统中？如何在保证数据安全的同时，实现供应链上各节点信息的高效共享？如何在快速迭代的技术环境中保持项目的灵活性？这些都是航空研制项目的管理者在推进项目数智化管控进程时需要面对的问题。

本书旨在深入探讨航空研制项目进度与成本集成管控的核心理论与实践方法，利用数字化和智能化的技术手段提升项目管理的效率与水平。本书重点介绍了基于

·III·

挣值管理理论的数智化管控体系的构建与流程设计，还深入探讨了基于数字孪生和强化学习技术的项目绩效预测与纠偏决策模型与算法。本书为航空行业的管理者和工程师提供了宝贵的实践指导。无论是在民用航空还是军用航空领域，本书都将成为帮助读者把握数字化时代机遇、推动航空研制项目创新发展的重要参考。本书包括三部分，共九章内容，各部分内容介绍如下。

第一部分为航空研制项目管理概论。 该部分从宏观层面介绍了航空研制项目管理的基本概念和发展历程。首先，回顾了我国航空研制项目管理的发展历程，从早期的引进吸收到如今的自主创新，展示了中国在航空领域取得的显著成就和丰富经验。其次，探讨了国外航空研制项目管理的发展历程。欧美国家在这一领域积累了丰富的经验，其项目管理的先进模式和技术创新为全球航空工业的发展提供了重要参考。最后，总结了航空项目的分类和共性特征，包括技术复杂性、高风险性、长周期性、多方协同性等。这些特征不仅影响项目的执行，而且对管理者的能力提出了更高的要求。

第二部分为进度与成本数智化管控体系与流程介绍。 该部分着眼于现代航空研制项目中的进度与成本管理的数字化转型。随着信息技术的飞速发展，传统的项目管理方法已经不能满足当今复杂项目的管理需求。本书在借鉴国内外相关文献和资料的基础上，提出了一套进度与成本数智化管控体系框架，详细介绍了体系中的基础功能模块和核心功能模块。其基础功能模块包括：项目工作结构分解、绩效控制账户设置、绩效基线（Baseline）评审、成本模型构建和综合主进度计划制定；核心功能模块包括：挣值管理工具包、绩效评估与预测、偏差分析与预警和外协子项目绩效管控。同时，该部分还详细介绍了每个功能模块的流程步骤，明确了相关部门及人员的角色与责任，为管控体系的落地实施提供了清晰的指引。

第三部分为智能管控模型与算法介绍。 该部分深入探讨了基于数字孪生和强化学习技术的航空研制项目进度和成本绩效预测与控制的理论与方法。首先介绍如何利用系统动力学模型和多智能体仿真软件平台搭建模拟项目绩效状态的数字孪生模型，并通过仿真项目内外部环境扰动因素进行项目绩效状态的预测与分析。然后，探讨了基于深度强化学习的进度与成本绩效控制决策算法。这一创新的管理方法，通过引入马尔可夫随机决策过程进行问题建模，并采用 PPO（Proximal Policy

Optimization）技术作为强化学习的算法核心，展示了其在航空研制项目管理中的巨大潜力。

在本书撰写过程中，我们参考了国内外的相关文献资料，包括美国项目管理学会（PMI）发布的《项目管理知识体系（PMBOK®指南）》（第6版）和《挣值管理标准》，以及美国国家航空航天局（NASA）发布的《挣值管理系统说明》和《挣值管理实施手册》等公开资料文档。本书的撰写得到了中航工业成都所涂冰等专家的支持与帮助，同时也得到了电子科技大学滕颖教授对整体框架的建议。电子科技大学博士研究生陈肃以及硕士研究生陈林、张一驰、陶鑫渝和林佳怡等参与了本书素材收集整理、算法测试与数据分析等具体工作，在此一并致以诚挚的感谢。此外，本书第一作者受国家自然科学基金项目（71971044，72471048）资助。

本书不仅仅是对航空研制项目管理的理论探讨，更是对实践应用的深入分析。本书的每一章内容都经过了精心设计，力求在理论深度和实践广度之间找到最佳平衡。通过结合传统管理理论与数智化技术，我们希望为读者提供一套相对完整的关于项目进度与成本数智化管控的解决方案。然而，由于本书作者水平有限，书中的观点和分析结果难免存在疏漏或不足之处。我们诚挚地希望各位读者，特别是在航空领域有丰富实践经验的专家能够不吝赐教。我们期待着与各位读者的深入交流，也期待着在您的帮助下，让这本书能更好地服务于航空研制项目管理的实践需求。

作　者

目　录

第一部分　航空研制项目管理

第一章　航空研制项目管理概述 ……………………………… 2

1.1　我国发展历程 …………………………………………… 2

1.2　国外发展历程 …………………………………………… 4

　1.2.1　美国 ………………………………………………… 4

　1.2.2　欧洲 ………………………………………………… 6

1.3　航空研制项目的分类与特征 …………………………… 7

　1.3.1　项目分类 …………………………………………… 7

　1.3.2　项目特征 …………………………………………… 9

第二章　项目进度与成本管理理论 …………………………… 12

2.1　项目进度管理 …………………………………………… 12

　2.1.1　进度管理概念 ……………………………………… 12

　2.1.2　航空研制项目进度管理特点 ……………………… 13

　2.1.3　进度计划方法与工具 ……………………………… 14

2.2　项目成本管理 …………………………………………… 17

　2.2.1　成本管理概念 ……………………………………… 17

　2.2.2　成本管理的方法与工具 …………………………… 18

2.3　挣值分析法 ……………………………………………… 24

　2.3.1　关键性能指标 ……………………………………… 24

　2.3.2　指标分析 …………………………………………… 24

第二部分　进度与成本数智化管控体系与流程

第三章　数智化管控体系设计 ………………………………… 28

3.1　数智化管控体系架构 …………………………………… 29

　3.1.1　设计目标与思路 …………………………………… 29

　3.1.2　管控体系架构设计 ………………………………… 30

3.2　基础功能模块介绍 ……………………………………… 32

　3.2.1　工作分解结构 ……………………………………… 32

　3.2.2　绩效控制账户设置 ………………………………… 33

　3.2.3　绩效基线评审 ……………………………………… 33

· VI ·

目　录

3.2.4　成本模型构建 ……………………………………………… 34

3.2.5　综合主进度计划制定 ………………………………………… 34

3.3　核心功能模块介绍 …………………………………………………… 35

3.3.1　挣值管理工具包 ……………………………………………… 35

3.3.2　绩效评估与预测 ……………………………………………… 35

3.3.3　偏差分析与预警 ……………………………………………… 36

3.3.4　外协子项目绩效管控 ………………………………………… 38

3.4　部门及人员的角色与责任 …………………………………………… 38

第四章　绩效控制账户设置 …………………………………………………… 42

4.1　绩效控制账户的设置 ………………………………………………… 42

4.2　工作任务分解 ………………………………………………………… 44

4.3　工作任务与组织分解的集成 ………………………………………… 46

4.4　绩效控制账户授权 …………………………………………………… 48

第五章　进度计划与状态监测 ………………………………………………… 49

5.1　进度计划制定与状态更新概述 ……………………………………… 49

5.2　进度计划制定 ………………………………………………………… 52

5.2.1　不同层级进度计划 …………………………………………… 53

5.2.2　进度计划评估 ………………………………………………… 54

5.3　进度状态监测 ………………………………………………………… 56

5.3.1　进度绩效设置 ………………………………………………… 56

5.3.2　进度状态测量 ………………………………………………… 57

第六章　成本计划与状态监测 ………………………………………………… 60

6.1　成本基线制定与状态监测流程概述 ………………………………… 60

6.2　成本基线制定 ………………………………………………………… 64

6.2.1　控制账户成本计划 …………………………………………… 64

6.2.2　预算基线 ……………………………………………………… 65

6.3　成本状态监测 ………………………………………………………… 65

6.3.1　财务系统的扩展 ……………………………………………… 65

6.3.2　成本数据的收集与记录 ……………………………………… 66

6.3.3　基于 WBS 的成本归集 ……………………………………… 67

6.3.4　基于控制账户的成本归集 …………………………………… 67

6.3.5　成本数据转换系统 …………………………………………… 68

6.3.6　成本数据对账 ………………………………………………… 68

第七章　进度与成本状态分析与预测 ………………………………………… 69

7.1　进度与成本状态分析 ………………………………………………… 69

· VII ·

航空研制项目进度与成本数智化管控理论和方法

7.1.1　状态分析报告 …………………………………………… 69

7.1.2　状态分析流程 …………………………………………… 70

7.1.3　状态分析步骤 …………………………………………… 72

7.2　进度与成本状态预测 …………………………………………… 77

7.2.1　进度与成本状态预测流程 ………………………………… 77

7.2.2　完工估算 …………………………………………………… 78

7.2.3　控制账户完工估算类型 …………………………………… 79

7.2.4　全面完工估算 ……………………………………………… 80

7.2.5　常规完工估算 ……………………………………………… 81

第三部分　智能管控模型与算法

第八章　项目进度与成本状态预测模型 ………………………… 84

8.1　系统动力学模型 ………………………………………………… 84

8.2　AnyLogic 仿真软件 …………………………………………… 85

8.3　控制账户绩效状态预测模型 …………………………………… 86

8.3.1　理论模型构建 …………………………………………… 86

8.3.2　 AnyLogic 仿真模型实现 ………………………………… 88

8.4　项目整体绩效状态预测 ………………………………………… 90

8.4.1　控制账户前后搭接关系建模 …………………………… 90

8.4.2　基于网络计划图的项目整体绩效预测 ………………… 90

8.5　仿真测试与分析 ………………………………………………… 93

8.5.1　案例项目与测试数据 …………………………………… 93

8.5.2　单控制账户绩效预测 …………………………………… 93

8.5.3　项目进度与成本绩效预测 ……………………………… 96

第九章　基于多智能体强化学习的项目绩效动态控制 ………… 101

9.1　多智能体与强化学习概述 …………………………………… 101

9.2　项目多控制账户绩效动态控制 ……………………………… 102

9.2.1　问题描述 ………………………………………………… 102

9.2.2　控制账户的马尔可夫决策过程 ………………………… 103

9.2.3　项目整体的控制过程 …………………………………… 104

9.3　多智能体强化学习算法 ……………………………………… 106

9.4　实验测试与分析 ……………………………………………… 111

结语 …………………………………………………………………… 116

参考文献 ……………………………………………………………… 118

第一部分

航空研制项目管理

第一章　航空研制项目管理概述

在科技飞速发展的今天，航空研制项目作为推动国家科技进步、增强国防实力的重要力量，其管理水平直接影响着项目的最终结果。本书第一章旨在介绍我国及国外航空研制项目管理的发展历程，深入探讨航空研制项目的分类与特征，为广大读者提供一幅航空研制项目管理的全景图。

1.1　我国航空研制项目管理发展历程

中国的航空研制历程是一个与国家航空工业发展紧密相连、充满艰辛的卓越历史过程。从建国初期的艰难起步，到后来的自力更生，再到改革开放以来的蓬勃发展，中国的航空研制逐步走向成熟与完善。我国航空研制项目管理的发展也大致沿袭了上述阶段：建国初期主要以"购买-维修-仿制"为主，项目管理尚未得到重视和应用；20世纪六七十年代，开始在设计、生产和使用环境中引入管理方法；20世纪80年代，航空研制项目的各个系统更为复杂，我国开始引入国外先进的系统工程方法，项目管理水平有了显著提升；21世纪初，民航领域的跨国联合研制已成为趋势，我国航空研制项目管理也逐步趋向现代化与科学化，探索形成了具有中国特色的航空研制项目管理理论与方法体系，并不断发展完善。

1. 起步阶段（1949—1960年）

新中国成立初期，中国航空工业才刚起步，面临技术、人才和资金等多方面的困难。在这一时期，中国航空工业的发展主要依靠苏联的援助，航空研制工作主要以"购买-维修-仿制"为主。1954年，中国成功研制出第一架国产飞机初教-5，标志着中国航空工业迈出了第一步。然而，受制于刚起步的航空工业的条件与生产力水平，我国航空工业的管理模式和研制体系主要是沿用和学习苏联的模式，项目管理的方法相对落后，以经验积累为主[①]。

---

① 曾军. 加快我国航空项目管理创新的必要性论析[J]. 新经济，2016(06)：77.

2. 自力更生阶段（1961—1978 年）

随着国际形势的变化，苏联逐渐收紧对华援助，甚至在 1960 年"撕毁合同、撤走专家"，中苏航空工业的合作也被迫中止了。中国航空工业陷入了相对停滞的状态，但积累了一定的经验和教训，特别是学习了苏联的国家集中管理制度和现代化大工业管理体系。通过国家的集中管理、资源调配，有力保证了技术引进、新产品试制和量产等工作的高效运转[1]。在这段特殊的时期，我国与外界联系较少，强调自力更生、集体主义、协同攻关，以"三结合（设计、生产、使用）"为主的管理方法在航空项目研制中得到了成功的应用，并取得了良好的效果。

3. 复苏与发展阶段（1979—2000 年）

改革开放以后，中国航空工业逐渐复苏。在这一阶段，中国开始引进国外先进的项目管理理念和方法，如工作分解结构（Work Breakdown Structure，WBS）、计划评审技术（Program Evaluation and Review Technique，PERT）、关键路径法（Critical Path Method，CPM）等，并结合国情进行了改造与创新。20 世纪 80 年代开始编制型号研制的计划网络图，并将其作为项目进度管理的主要依据。通过"三坐标"论证，找到了一个满足技术、进度和经费方面要求的最佳方案。通过"四坐标"管理，针对技术、进度、经费和质量等方面建立了相应的指挥管理系统，形成了总设计师系统、行政总指挥系统、总会计师系统和总质量师系统的矩阵管理模式，建立起了一套严密的纵向管理系统和横向协调机构。通过网络技术，将一个复杂系统的各子系统间的接口关系、每个子系统内各环节的衔接关系都清楚明确地反映出来，从而实现了复杂项目如期完成研制[2]。在这段时期，中国开始了歼-8 系列飞机的研制工作，并初步运用上述项目管理方法，取得了良好的效果，这些项目的成功又进一步推动了中国航空研制项目管理水平的提升。

4. 现代化发展阶段（2001 年至今）

随着中国航空工业的迅速发展和国际合作的加深以及信息化、智能化技术的迅猛发展，中国航空研制项目管理逐步走向国际化、现代化和科学化。项目管理开始融入更多的现代管理理念，比如敏捷开发、精益生产、六西格玛质量管理等，强调快

---

[1] 郭晓婷. 20 世纪 50 年代中苏航空工业合作：路径、成果及启示[J]. 郑州航空工业管理学院学报，2020，38(04)：5-13.

[2] 王立文，邓鹏，杜端甫. 我国航空项目管理的演变与发展[C]//中国(首届)项目管理国际研讨会. 北京：中国科学研究院，2002：512-516.

速响应、持续改进和追求卓越。同时，中国航空工业结合国情和行业特点，也在积极构建自己的项目管理知识体系，形成了独具特色的航空项目管理标准和规范[①]。21世纪初期，中国开始了 C919 大型客机的研制工作，这是第一架由中国人自主设计并具有完全自主产权的大飞机，是中国航空工业迈向世界一流水平的重要标志。在这一项目中，中国不断吸收借鉴国际先进的项目管理经验，同时不断提升自身的管理水平和竞争力。2017 年，C919 大型客机首次成功试飞，引起了广泛关注。这一里程碑事件标志着中国航空研制项目管理水平的重大突破，也为中国航空工业的发展注入了新的活力。C919 项目的成功离不开优秀的项目管理体系与理念，其研发团队更是获得了"2017 中国项目管理成就奖"。C919 在研制过程中全面推行项目管理，努力克服与国际接轨过程中在文化观念、管理体制、管理手段、管理流程、管理方法等方面的差异，大胆改革，创新管理，初步探索出一套具有中国特色的大飞机项目管理新模式[②]。

通过几十年的不懈努力，中国航空工业的项目管理水平实现了质的飞跃，不仅能够高效地完成各类复杂航空器的研制任务，还能在国际竞争中展现出强大的竞争力。中国航空研制项目管理在不断探索和实践中，不仅逐步完善了自己的管理体系，而且通过项目的一次次成功实施，为中国航空工业的发展做出了不可磨灭的重要贡献，推动了中国从航空大国向航空强国的转型。

1.2 国外航空研制项目管理发展历程

国外航空研制项目管理的起源可以追溯到 20 世纪初，当时随着航空技术的不断发展和应用，各国都开始重视航空研制项目管理。从美国到欧洲，各个国家和地区都有着自己独特的航空研制项目管理发展历程。以下将简要描述几个具有代表性的国家和联盟的航空研制项目管理发展历程，并引用具体案例进行说明。

1.2.1 美国

美国作为航空工业强国，其航空研制项目管理经验和成就在世界范围内具有重

---

① 吴燕. 中国航空航天产业发展模式转变的实证研究[M]. 上海：复旦大学出版社，2020.
② 胡小兮. 用项目管理托起"大飞机梦"[J]. 项目管理评论，2017(04)：7，8-13.

要影响力。美国航空研制项目管理的发展可以分为以下几个阶段。

1. 早期发展阶段（20世纪初至20世纪40年代）

20世纪初期，美国就开始着手发展航空技术，并逐步建立起了一套初步的航空研制项目管理体系。在第一次世界大战和第二次世界大战期间，美国加大了对航空工业的投入，推动了航空研制项目管理的发展。

2. 快速发展阶段（20世纪50—80年代）

美国航空工业在20世纪50—80年代迎来了快速发展的时期。这一时期，美国政府加大了对航空工业的支持力度，推动了一系列重大航空项目的开展，如波音747客机、洛克希德公司的"黑鸟"侦察机和"银河"运输机等。这些项目在管理和技术上都取得了巨大成功，并探索出洛克希德公司的"臭鼬工厂"等创新和高效开发模式，为美国航空研制项目管理的发展奠定了坚实基础。

3. 现代发展阶段（20世纪90年代至今）

20世纪90年代以后，随着信息技术的发展和全球化的加深，美国航空研制项目管理逐渐走向成熟。美国开始引入先进的项目管理理念和方法，如敏捷开发、精益生产等，以便不断提升项目管理的效率和水平。同时，美国也积极开展国际合作，加强与其他国家和地区的交流与合作，共同推动航空技术的发展和应用。

具体案例："臭鼬工厂"模式是一种创新和高效的项目开发方式，由洛克希德公司的高级发展项目部门（即"臭鼬工厂"）在20世纪40年代创立。这个模式因其在快速开发先进航空技术方面的成功而闻名。"臭鼬工厂"模式具有以下主要特点。

- 小型团队：项目通常由一个小型、高度专业化的团队负责，这有助于提高沟通效率和决策速度。

- 简化的管理层级：减少官僚程序，赋予团队更大的自主权和灵活性，以便快速响应技术挑战和变化。

- 明确的目标和任务：项目目标明确且集中，以确保团队的努力方向一致，进而避免资源浪费。

- 创新文化：鼓励大胆创新和创造性思维，允许团队成员尝试新的技术和方法，即使这些尝试可能存在一定的风险。

- 快速原型和迭代：通过快速原型设计和迭代开发，及时验证和调整设计方案，以便加快项目进程。

- 保密性：由于许多项目涉及敏感的军事技术，因此高度重视保密性，以保护知识产权和国家安全。

这种模式在开发诸如 P-80 "流星" 战斗机和 SR-71 "黑鸟" 侦察机等项目时取得了显著效果，因此成为许多组织的首选开发方式，尤其是在需要进行快速创新和开发的高科技领域。

1.2.2 欧洲

欧洲作为航空工业发达的地区之一，其航空研制项目管理也具有一定的特色并取得了一些成就。欧洲的航空研制项目管理发展可以分为以下几个阶段。

1. 起步阶段（20 世纪初至 20 世纪 50 年代）

欧洲的航空研制项目管理起步较早，主要受到了英国、法国和德国等国家的影响。在这一时期，欧洲各国航空工业各自为政，都开始尝试建立自己的航空研制项目管理体系。例如，英国的 "喷火" 和德国的 "梅塞施密特" 战斗机，在研制过程中都在项目管理上进行了探索和实践。这一阶段的努力提升了欧洲各国在航空项目管理上的水平，为后来的跨国合作奠定了基础。

2. 跨国合作阶段（20 世纪 60—80 年代）

20 世纪 60 年代以后，欧洲各国开始加强航空研制项目的跨国合作，一个标志性事件就是欧洲航空防务与航天公司（EADS）的成立。EADS 的成立不仅是为了在全球航空市场上与美国展开竞争，也是为了整合欧洲各国的航空技术和管理经验。这种跨国合作模式在项目管理上强调协调和整合，其推动了欧洲航空工业的发展，并为欧洲航空研制项目管理的进一步完善奠定了基础。

3. 现代发展阶段（20 世纪 90 年代至今）

20 世纪 90 年代以后，欧洲航空研制项目管理逐步走向成熟。欧洲各国开始引入先进的项目管理理念和方法，如敏捷开发、价值工程等，以便不断提升项目管理的效率和水平。同时，欧洲也积极推动航空工业的绿色可持续发展，并将环境保护和可持续发展纳入项目管理的考量范畴。与此同时，欧洲在航空安全、技术创新和国际合作方面也取得了显著进展。

具体案例：Airbus A380 项目是欧洲航空研制项目管理的一个典型案例。该项目于 2000 年启动，A380 是一款双层客机，其被认为是世界上最大的客机。在项目执行过程中，Airbus 公司采用了一系列先进的项目管理方法，如敏捷开发和价值工程，有效地组织和管理了项目的各个环节。2005 年，A380 成功进行首次商业飞行，成为了欧洲航空工业的骄傲，也展示了欧洲在航空研制项目管理方面的领先地位。另一个具有代表性的案例是欧洲"台风"战斗机的研制。该项目是由英国、德国、意大利和西班牙四国合作完成的，涉及复杂的多国协调、技术整合和资源共享，极大地考验了参与国的项目管理能力。通过有效的合作机制和项目管理实践，"台风"战斗机的研制成为欧洲航空工业的又一成功范例。

综上所述，欧洲各个国家在航空研制项目管理方面都有着自己独特的发展历程和特点。通过不断探索和实践，提升了管理水平和效率，共同推动着全球航空工业的发展和进步。

1.3 航空研制项目的分类与特征

1.3.1 项目分类

航空研制项目是指在航空领域内，围绕飞行器及其关键系统（如发动机、航空电子设备、航空材料等）的开发目标，开展的一系列系统化工程活动，包括需求分析、研发设计、样机制造、试验验证、适航认证及定型生产等环节，旨在研制满足特定功能、性能和适航性要求的航空产品或系统。航空研制项目是航空工业发展的核心，其涉及从概念设计到生成最终产品的全过程。这些项目通常会涉及多学科的知识和技术，具有复杂性和高风险性。

航空研制项目可以根据不同的标准进行分类，其分类标准及对应的具体类型如下。

1. 按项目规模分类

- **大型项目**：如新型客机、战斗机的研发等。这类项目通常会涉及多个子系统的集成，具备开发周期长、投资巨大、参与方众多、风险和收益都较高等特点，通常需要国家层面的支持和国际合作。

- **中型项目**：如直升机、无人机或某一具体系统、部件的开发等。这类项目通常涉及较少的参与方并拥有相对较短的开发周期，但仍需协调多方资源。
- **小型项目**：针对特定技术或产品的快速开发、升级、配件更换等。这类项目通常周期短、成本低，适合企业进行灵活创新，能够快速响应市场需求。

2. **按项目类型分类**

- **民用航空项目**：主要包括商用客机、货机及其相关服务系统的研发等。这类项目强调安全性、经济性和环保性，需符合国际航空标准。
- **军用航空项目**：包括军用战斗机、侦察机及其作战系统的研发等。此类项目通常具有高保密性，重点在于作战能力和技术优势，是国家安全的重要保障。
- **通用航空项目**：包括小型飞机、直升机和飞行器的研发等。这类项目主要用于私人、商务、农业和医疗等非运输目的，其市场潜力巨大。

3. **按研制对象分类**

- **飞行器**：本书中的飞行器是指能够在地球大气层内飞行的人工设备，按用途和技术特性可分为以下几类：商用飞机（如波音 737、空客 A320 等），军用飞机（如战斗机，运输机等），通用航空飞机（私人飞机，商务飞机），无人飞行器（如我国翼龙无人机、大疆系列等），轻于空气飞行器（如飞艇、热气球），以及旋翼飞行器（如直升机、倾转旋翼机）。这些飞行器是航空领域的核心产品，其研制涉及空气动力学、结构力学、材料科学、航电系统等多个学科领域。
- **航空发动机**：作为飞行器的动力源，航空发动机是航空研制产品中的重要组成部分。根据工作原理和用途的不同，航空发动机可分为喷气发动机、涡扇发动机等多种类型。其研制过程复杂，需要解决高温高压、高转速、高负荷等极端条件下的工作问题。
- **航空电子设备**：包括雷达、导航设备、通信设备和飞行控制系统等。这些设备为飞行器的安全飞行和高效运行提供了重要保障。
- **航空材料**：用于制造飞机的各种材料，如金属材料（铝合金、钛合金等）、复合材料和陶瓷材料等。这些材料具有高强度、轻量化、耐腐蚀、抗高温等优良性能，是航空产品研制的基础。

4. 按技术成熟度分类

- **基础研究项目**：探索新材料、新技术的应用方式，通常是研发的起始阶段。
- **工程开发项目**：将基础研究成果转化为工程应用，进行原型机的制造和测试。
- **批产项目**：在经过充分的测试和验证后，进入批量生产阶段，以满足市场需求。

5. 按开发阶段分类

- **概念阶段**：对项目的初步构思和市场需求分析。
- **设计阶段**：进行详细设计，包含工程图纸和技术规格的制定。
- **测试阶段**：对设计进行验证，以确保满足所有性能和安全要求。
- **生产阶段**：进入生产线，进行规模化生产。

1.3.2 项目特征

航空研制项目是一个复杂的系统工程，具有以下显著特征。

1. 技术复杂性

航空研制项目涉及多个学科领域的知识和技术，如空气动力学、结构力学、材料科学、航电系统和控制技术等。这种复杂性不仅体现在技术层面，而且体现在项目管理层面，其要求研发团队具备深厚的专业知识和丰富的实践经验。航空项目对产品的精密度和可靠性提出了极高的要求，任何微小的故障或缺陷都可能导致严重的后果。航空研制项目往往以开发新技术、新产品或提升现有产品性能为目标，其对创新性具有很高的要求。

2. 高风险性

由于具有技术复杂性和创新性，导致航空研制项目存在较高的风险，包括技术风险、市场风险和资金风险等。项目的失败可能会导致巨大的经济损失和安全隐患。因此，在项目实施过程中，项目管理者需要充分评估和控制风险，包括技术风险、市场风险和财务风险等。此外，项目的长期性和高投入特性也增加了项目的资金风险和管理难度。

3. 长周期性

航空产品的研制过程通常需要经历概念设计、初步设计、详细设计、试制、试验验证等多个阶段。每个阶段都需要经过严格的测试和验证，耗时较长，因此要求项目团队具备良好的前瞻性和持续的资源投入。由于具有技术复杂性和研制周期长的特点，航空产品的研制往往需要投入大量的人力、物力和财力。这种长周期性还要求项目能够适应技术和市场环境的变化。

4. 多方协同

航空研制项目不仅关注单一产品或技术的研发，而且涉及系统集成、测试验证、生产制造等多个环节，需要综合考虑各种因素。此类项目通常涉及多个学科的合作，包括工程、管理、经济和法律等，因此团队成员需要具备跨学科的合作能力。此外，大多数航空研制项目涉及多个利益相关者，包括政府、企业、科研机构和用户等，这种多方协作要求各方在目标、资源和利益分配上达成共识，以保证项目的顺利推进。

5. 严格的标准和规范

航空行业受到严格的法规和标准约束，所以这类项目在研发过程中需要遵循行业标准，如 FAA（美国联邦航空局）和 EASA（欧洲航空安全局）等的规定。研发团队需要掌握丰富的合规知识，并在项目设计和实施过程中充分考虑这些合规要求，以确保产品的安全性和可靠性。

6. 市场导向

在研制过程中，项目团队需充分考虑市场需求和用户反馈，以确保最终产品能够满足客户的期望和需求。市场导向不仅影响产品的设计和功能，而且关系到项目的商业成功可能性和长期发展前景。

7. 国际化趋势

随着全球化的发展，航空研制项目越来越多地涉及国际合作，通过跨国公司和机构共同参与研发，形成全球供应链。这种国际化趋势不仅促进了技术交流和资源共享，而且带来了更大的市场机会和竞争压力。

第一章 航空研制项目管理概述

综上所述，航空研制项目对国家经济、国防建设以及科技创新具有重要意义。通过对航空研制项目的深入研究，可以提高项目的成功率、降低风险并推动航空科技的进步，为航空工业的发展提供理论支持和实践指导。研发新的航空产品和技术，不仅可以提升国家的综合国力和国际竞争力，还能推动相关产业的发展和经济增长。同时，航空研制项目也是培养高素质科技人才的重要途径，对提升国家的科技创新能力具有重要意义。

第二章　项目进度与成本管理理论

2.1　项目进度管理

2.1.1　进度管理概念

项目进度是各项目活动按逻辑顺序在时间上的先后呈现，其强调工作进展，注重对工作的有效协调和控制。通常，对航空研制项目的进度要求是通过严密的进度计划以及对各种资源的配置与保障，使项目能够按照合同条款的约定，按期完工并予以验收交付。

在项目实施过程中，项目进度管理是对各阶段的进展程度和最终完成的期限进行有效监督与控制的手段，其目标是保证项目在满足进度节点约束的前提下，实现总体目标。在航空研制项目中，进度管理会根据研制项目的进度目标，编制经济合理的进度计划，并以此来检查项目进度的执行情况，在与质量、成本、风险等目标协调的基础上，实现总目标。如果发现实际执行情况与计划进度不一致，那么就要及时分析原因，并对研制进度计划进行调整或者采取必要的措施纠正项目的进度状态。因此，项目进度管理主要包括项目进度计划的制定和项目进度状态的监测与控制。

进度计划的制定：以项目目标所确定的工作范围为基础，以项目成果为导向，结合可用的研制人员、实验设备、外部协助配套单位以及资金等资源情况，有针对性地安排项目活动。该过程通常包括资料收集、工作结构分解、活动历时估算和进度计划方案编制等步骤。其中，进度计划方案应清楚标明各项活动的开始和结束时间、明确的衔接点以及它们之间的逻辑关系，以便为项目实施提供指导。

进度状态的监测与控制：依据制定好的项目进度计划，紧密跟踪项目的执行情况，统计各个工作包、子项目以及整个项目的完成状况，监测计划执行是否出现偏差。一旦发现偏差，需要及时进行纠正并调整后续工作部署，优化资源配置，以确保项目能够按时完成。这一过程涉及检查、分析和修正三个环节的不断迭代，直到项目顺利完成并交付给客户为止。

2.1.2 航空研制项目进度管理特点

在项目实施过程中，既要审视内部运作之间的相互作用，比如各研制任务工作之间的相互关系，又要考虑来自外部客户和环境的影响，例如资源约束和项目范围的变更等。基于这些考量以及航空研制的复杂性、高技术要求和严格标准，航空研制项目进度管理具有以下特点。

高度复杂性：航空研制项目涉及多个学科和技术领域，包括空气动力学、材料科学、电子工程、机械工程等。这种多学科交叉使得项目进度管理变得非常复杂，不仅需要协调不同领域的专家和资源，而且需要建立强有力的跨内外部组织的团队合作机制。这种复杂性增加了计划和控制的难度，要求项目管理人员具备广泛的知识和优秀的协调能力。

高技术要求：航空研制项目通常需要采用最新的科学和技术，这意味着进度管理必须紧跟技术发展的步伐，并能够快速响应技术的变更。在项目进度计划制定时，需要考虑技术研发的不确定性。此外，技术更新和升级可能会导致项目进度的调整。因此，项目管理人员需要与外部技术供应商和内部研发团队保持密切联系，以确保技术问题能够及时解决。

长周期与高成本：航空研制项目通常周期较长且成本高昂。这对项目进度管理提出了长期规划和成本控制的要求。因此，项目管理人员需要按由近至远的方式滚动制定项目进度计划并定期进行评估和调整，同时需要对项目执行中的各种风险，如市场变化、技术进步等，进行识别、评估和处理。

资源协调范围广：航空研制项目需要大量的资源，包括人力、物力和财力等。如何有效地协调和管理这些资源是项目进度管理的关键。因此，项目管理人员需要建立高效的资源管理系统，以确保资源的合理分配和使用。其中，研制技术人员的人力资源管理尤为重要，必须确保人员的技能和经验能匹配项目需求，而且人员工时负荷在可承受的合理范围内。物资采购和供应链管理也是进度管理中的重要环节，所以需要与供应商保持良好的合作关系。

多方协作：航空研制项目通常涉及多个合作伙伴和供应商，如何协调各方的工作进度是项目管理的重要内容。因此，项目管理人员需要建立有效的沟通和协作机

• 13 •

制，以确保各方信息畅通。其中，合同管理是多方协作中的重要环节，其必须明确各方的责任和义务。在项目执行中，可以定期召开协调会议，解决合作过程中出现的问题，以确保项目进度顺利推进。

此外，航空研制项目面临许多不确定的风险，包括技术风险、市场风险和政策风险等。有效的风险管理是确保项目按时完成的关键。因此，项目管理人员需要建立全面的风险管理体系，识别、评估和应对各种风险。定期进行风险评估和更新，确保及时发现和处理潜在问题。风险应急预案是项目进度管理的重要组成部分，必须确保预案的可行性和有效性。高质量是航空产品的基本要求，质量管理贯穿于整个项目生命周期，对进度管理产生了重要影响。项目管理人员需要制定严格的质量标准和控制流程，以确保每个阶段的工作都符合质量要求。质量问题可能导致项目延误，所以必须及时发现和纠正。持续改进是质量管理的重要原则，其要求项目管理人员不断优化流程和方法。

2.1.3 进度计划方法与工具

1. 任务活动工期估算

1）三时间点估算法

在项目管理过程中，项目内各工序的所需活动时间常常表现为一种随机分布。为了处理这种随机性，常采用三时间点估算法，其核心思想是估计活动完成的三种可能时间值，即乐观时间、最可能时间和悲观时间，并运用概率方法计算各活动作业时间的平均值和方差，进而确定项目整体的工期。一般假设任务活动工期服从 β 分布，并且通过历史数据分析可以得到工期的乐观时间 a，表示最快能完成该活动的时间；最可能时间 m，表示最大概率能完成该活动的时间；悲观时间 b，表示最迟能完成该活动的时间，如图 2-1 所示。

任务活动的期望工期为：

$$T = \frac{a + 4m + b}{6}$$

任务活动工期的方差为：

$$\delta^2 = \left(\frac{b-a}{6}\right)^2$$

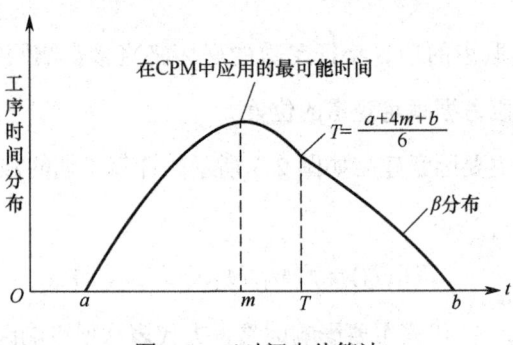

图 2-1　三时间点估算法

2）基于神经网络的工期估算

随着硬件算力的不断提升与大数据应用的不断普及，项目管理人员逐渐意识到借助人工智能技术来进行复杂工作工期预测的必要性。因此，国内外众多学者开始借助神经网络等机器学习技术来进行工期的估算。

神经网络通过模拟人类大脑的工作模式，来确定一组数据之间的潜在联系，其经常被用于各类预测问题。神经网络的本质就是基于输入层的信息，经过不断地训练，使其可以根据输入的信息来调整神经元的参数，从而获得最好的结果，而不需要修改输出标准。神经网络是一种广泛的、并行的、相互联系的网络，它通常作为非线性的统计数据模型工具被使用。图 2-2 为神经网络训练过程。

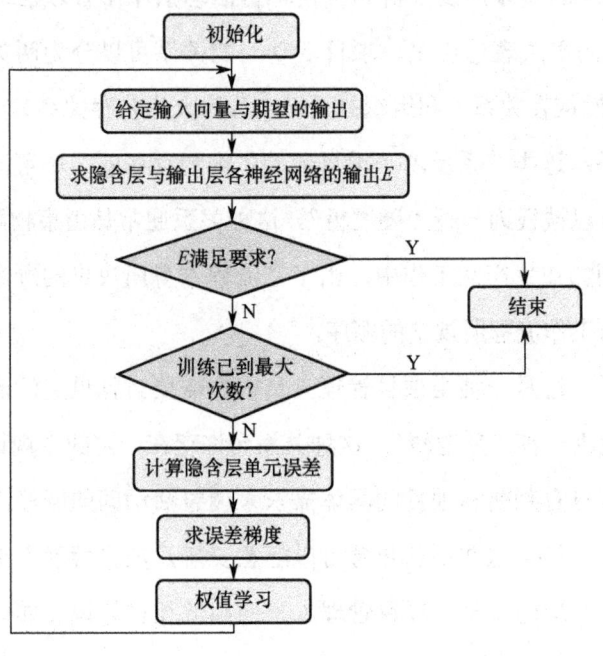

图 2-2　神经网络训练过程

· 15 ·

通过神经网络选取出的项目特征参数的好坏将直接影响网络模型的质量，其在整个网络模型设计阶段占据举足轻重的位置。

通常，可以针对主要因素建立如图 2-3 所示的计算工期的神经网络模型，其目标函数为：

$$T(T_1, T_2) = f(M_1, M_2, \cdots, L_1, L_2, \cdots)$$

其中，T 为网络输出，M 代表主要影响因素，L 代表次要影响因素。

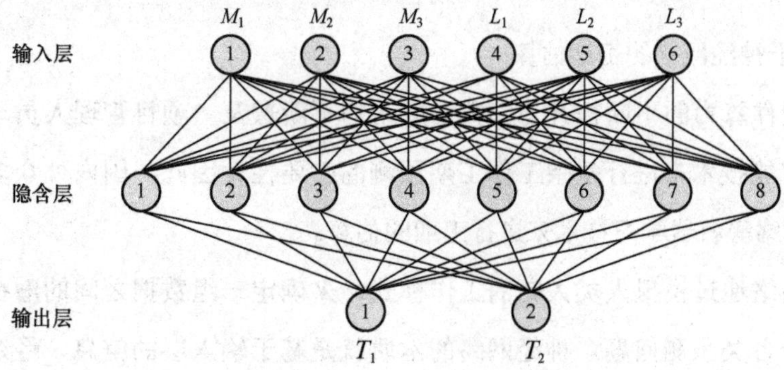

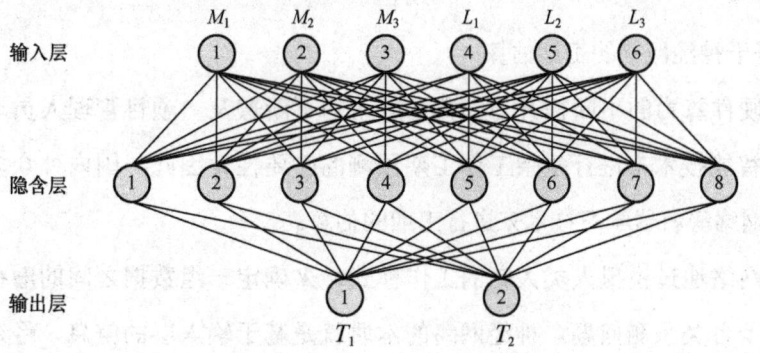

图 2-3　计算工期的神经网络模型

2. 活动顺序安排

项目活动顺序的安排涉及分析和确定项目活动清单中各项活动之间的相对关系以及如何以适当的形式表达出来。项目活动间的关系可以分为两类，分别是：工艺关系（或称为必然依存关系）和组织关系（或称为人为依存关系）。

- **工艺关系**：这类关系反映了项目活动中客观存在的、不可改变的先后顺序逻辑，其可以被视为一种"硬逻辑"。这种关系通常是由事物发展的内在规律决定的，例如在生产性工作中，由工艺流程本身所决定的顺序；在非生产性工作中，由工作流程所规定的顺序。

- **组织关系**：这是一种由项目管理人员根据需要自行设定的活动间的关系，其可以被视为一种"软逻辑"。这种关系允许存在一定的主观调整空间，即人们可以根据自身判断和项目的具体需求来调整活动间的顺序。虽然组织关系带有主观性，但是这并不意味着可以随意安排，项目管理人员只可以在一定范围内进行合理的调整。项目管理水平的高低往往体现在如何高效且恰当地处理这些组织关系上。

在如图 2-4 所示的示意图中，存在 4 种项目活动的顺序关系，分别是：

- "开始—开始"的关系，即 A 活动与 B 活动可以同时开始，或者 A 活动在 B 活动开始之前就已经开始了；
- "结束—开始"的关系，即 A 活动结束以后，B 活动才能开始；
- "开始—结束"的关系，即 A 活动必须在 B 活动结束之前开始；
- "结束—结束"的关系，即只有 A 活动结束以后，B 活动才能够结束。

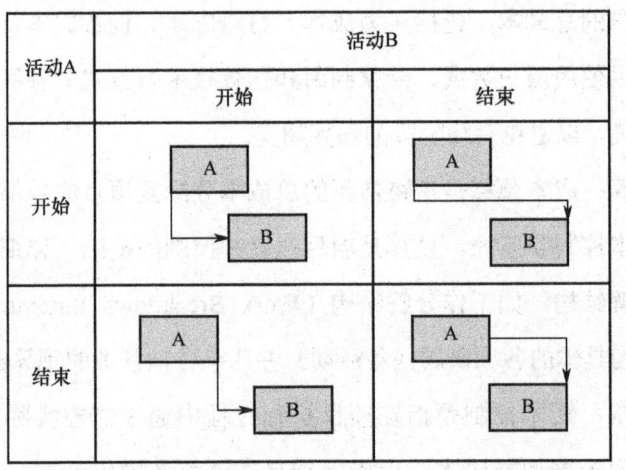

图 2-4　4 种项目活动的顺序关系示意图

2.2　项目成本管理

2.2.1　成本管理概念

项目成本管理是在项目生命周期内，通过计划、估算、预算、资金筹措、成本控制和成本核算等活动，确保项目在预算范围内高效完成的过程。项目成本管理不能笼统地将节约成本作为目标，其核心目标应该是在对项目成本进行精心预测和分析的基础上，制定合理的成本计划，并通过科学地控制项目支出，最大化经济效益，进而确保资源的有效利用。项目成本管理的概念在航空研制项目中尤为重要，因复杂性、高技术要求和严格的安全标准，使成本管理变得更加关键。在对航空研制项目进行成本管理时，必须要有明确的成本管理目标，这是进行项目成本管理的基础，也决定了成本管理的程序与方法。

· 17 ·

项目成本管理包括以下重要概念。

- 成本管理目标：项目成本管理的最终目标是确保项目在预算范围内高效完成，同时最大化经济效益。成本管理目标则用于确保项目在预算范围内完成，避免超支，进而提高项目的经济效益，确保资源的有效利用，并且提供准确的财务数据，以支持项目决策和管理。

- 成本估算：成本估算是指在项目初期通过分析项目的范围和需求，预测完成项目所需的总成本，包括人力成本、材料成本、设备成本、管理成本等。通常，可以使用历史数据、专家判断和估算技术等方式来预测成本。估算应尽可能准确，以避免后续阶段的预算超支。

- 成本预算：成本预算是指将估算的总成本分配到项目的各部分和阶段，以便进行成本控制和监控。预算是项目执行和控制的基础，详细的预算计划需要使用分解结构，如工作分解结构（Work Breakdown Structure，WBS），将成本分配到具体的各项研制任务活动，并明确各项任务的预算额度。

- 成本控制：成本控制是指在项目执行过程中通过监控实际支出与预算的差异，采取措施控制成本，以确保项目在预算范围内完成。在成本控制过程中，需要定期监控和比较实际成本与预算成本，识别和分析成本偏差，找出原因并采取纠正措施。通常，可以使用成本绩效指数（Cost Performance Index，CPI）和进度绩效指数（Schedule Performance Index，SPI）等指标来评估成本控制效果。

- 成本核算：成本核算是指记录和报告项目的实际成本，以便进行财务分析和决策支持，它能帮助项目管理者了解项目的财务状况。成本核算过程中需要记录与项目相关的所有支出，确保数据准确和及时，并编制成本报告，提供给项目团队和利益相关者。通过分析成本数据，能够为未来的项目提供参考和改进建议。

2.2.2 成本管理的方法与工具

项目成本管理中会使用多种工具和技术，以提高成本管理的效率和效果。常见的工具和技术主要有：项目管理软件，如 Microsoft Project、Primavera 等，用于计划和跟踪成本；估算技术，如类比估算、参数估算、三点估算等，用于提高成本估算的准确性；成本控制技术，如挣值管理（Earned Value Management，EVM），其通过整合项目范围、进度和成本数据，来提供综合的项目绩效视图。下面将详细介绍项目成本管理的工具与技术，以帮助项目管理人员更好地掌控项目成本。

1. 成本估算

成本估算作为成本管理的基础，通过对项目中各项活动所需资源的估算，确定项目的总成本。项目成本估算的主要依据包括：工作分解结构、项目资源需求计划、项目进度计划、资源价格信息和历史信息等。其中，项目资源需求计划明确规定了项目内的每一项工作和活动在执行过程中需要的资源种类、数量以及质量，确定了各种资源的供应方案，为项目成本估算提供了基础数据。项目进度计划决定了各项工作和活动的开始与结束时间以及它们之间的前后顺序和相对关系，通过其可以估计出每一项活动的持续工作时间，其会对项目的现金流状况产生一定的影响。此外，完成各项工作可能需要的时间会对项目成本估算中的利息费用估算产生较大的影响。

常用的成本估算方法包括：

- 专家估算法：专家估算法是由具有专业知识或经过培训的团体或个人，利用专业的理论知识和丰富的项目经验对项目成本进行估算的方法。专家估算法实质上是一种经验估算法，通常适用于项目开展初期，其可获取的项目信息十分有限。其优点是可以很快地给出项目成本的估算情况，便于研究、分析项目的可行性，但无法给出详细的估算数据，估算的精度不高，准确性有限。

- 类比估算法：类比估算法是指通过参考过去已完成的类似项目的历史数据（如范围、成本、预算和持续时间等）或规模指标（如尺寸、质量和复杂性等），估算出新项目成本的方法。类比估算法也被称为自上而下的估算方法，这种方法首先收集上层和中层管理人员的经验和判断，然后按照 WBS 层层向下分解费用估算值，直至项目基层人员。在项目早期阶段，详细信息不足时，就经常使用该方法来估算成本数值。类比估算法具有简单易行、耗时短、花费少的优点，但它同样具有一定的局限性。首先，由于项目具有独特性和一次性的特点，实际工作中不存在完全相同的项目，大多数项目之间不具备可比性，因此估算的准确性较低；其次，在按照工作分解结构将成本估算值向下传递时，下层管理人员可能会认为成本过低，难以完成相应的工作任务，但碍于权力的威严，不会及时与上层管理者进行沟通，因此可能耽误对问题的纠正，从而可能造成整个项目进度的拖延，最终带来成本的浪费。

- 参数模型法：参数模型法是利用项目的特性参数构建数学模型来估算项目成本的一种方法。一般而言，在估算项目成本时，参数模型法只考虑那些对成本影响较大的因素，而对成本影响较小的因素则忽略不计，因此该方法的重点集中在确定影响成本的最重要因素上。在采用参数模型法时，建立合适的模型对保证估算结果的准确性具有十分重要的意义，因此在建立成本模型时需要考虑以下 3 点：一是模型中参考的历史数据的准确性；二是模型中的参数要便于量化处理；三是模型可根据项目规模的大小按适当的比例进行调整，例如适用于大型航空研制项目的模型，经过适当调整也可适用于中小型项目。参数模型法的优点是只需要参考较少的项目信息、速度快、简便易用，但参数估计模型如果不经校验就投入使用，那么其估算结果可能与实际的项目成本有较大差距。

- 自下而上估算法：自下而上估算法也称为工料清单估算法，与自上而下估算法相反，该方法从 WBS 的底层开始，由底层工作人员先估算出各基本工作单元的成本，然后再将各工作单元的成本自下而上逐级汇总，最终估算出整个项目的总成本。自下而上估算法的优点是为成本估算提供了详细的基础信息。此外，该方法还能够促使一线工作人员更容易接受成本估算的最终结果，进而提高工作效率。这种方法的缺点在于当项目构成较为复杂或 WBS 的基本工作单元较小时，项目成本估算工作量大、耗时长，用于估算的费用较高。此外，对于被多个项目工作单元共享的资源的成本估算，也很难由底层工作人员完成。

2. 成本预算方法与步骤

项目成本预算是将项目总成本分配到各个工作包或活动中，形成项目的成本基准的过程。有效的成本预算能够确保项目在预算范围内进行，并为成本控制提供依据。项目成本预算一般包括以下步骤。

- 确定预算目标：在开始成本预算之前，首先需要明确预算的目标和范围。这包括项目的总体目标、预算周期、预算精度要求等。明确的目标有助于指导后续的预算工作。

- 收集预算数据：收集与项目相关的各种数据，包括历史数据、市场价格、资源需求等。这些数据是进行成本预算的基础，数据的准确性直接影响预算结果的准确性。

- 分解项目工作：将项目分解为各个工作包或活动，形成工作分解结构（WBS）。WBS 是进行成本预算的基础，其能够帮助项目经理全面了解项目包含的各项活动和任务。

- 估算各项活动成本：对 WBS 中的各项活动进行成本估算，这一步是成本预算的核心。常用的成本估算方法包括专家估算、类比估算、参数模型和自下而上估算等。估算的内容包括直接成本（如人工、材料、设备等）和间接成本（如管理费、办公费等）。

- 汇总成本估算：将各项活动的成本估算结果进行汇总，形成项目的总体成本估算结果。在汇总过程中，需要注意对成本的重复计算和遗漏，以确保总体成本估算结果的准确性。

- 制定成本基准：在成本估算的基础上，制定项目的成本基准。成本基准是项目成本管理的参照标准，用于监测和控制项目成本。在制定成本基准时，需要充分考虑项目的风险和不确定性，预留一定的应急费用。

- 分配预算：将总体成本预算分配到各个工作包或活动中，形成详细的预算计划。分配预算时，需要结合项目的进度计划，以确保预算的合理性和可执行性。

- 编制预算报告：编制详细的预算报告，报告内容包括预算目标、预算方法、预算结果、预算分配和应急费用等。预算报告是项目成本管理的重要文件，其为项目的成本控制提供了依据。

- 审批预算：将预算报告提交给项目的相关方进行审批。审批过程中，可能需要对预算进行调整和修改，以确保预算的合理性和可行性。审批通过后，预算就正式生效，成为了项目的成本基准。

- 监控和调整预算：在项目执行过程中，持续监控实际成本与预算成本的差异，及时进行调整和修正。通过滚动预算、挣值管理等方法，确保项目在预算范围内进行。

以下为项目成本预算的常用方法。

- 自上而下预算：自上而下预算从总体预算开始，逐层分解到各个子项目和活动。这种方法通常用于高层管理者已经确定项目总预算的情况。其优点是能够快速形成预算，但缺点是可能会忽略细节。

- 自下而上预算：自下而上预算从各个活动的成本开始，逐层向上汇总形成总体预算。这种方法适用于项目团队对各项活动有详细了解的情况。其优点是预算更加准确和细致，但缺点是需要更多时间和精力。

- 滚动预算：滚动预算是在项目进行过程中，根据实际情况不断调整和更新预算的方法。这种方法能够灵活应对项目变化，以确保预算的实时性和准确性。

- 类比预算：类比预算是参考类似项目的历史数据进行预算的方法。这种方法适用于有类似项目经验的情况，其能够快速形成预算，但需要确保历史数据的准确性和相关性。

- 参数预算：参数预算是利用数学模型，根据项目参数（如规模、复杂性等）进行预算的方法。这种方法适用于项目参数明确且有成熟模型的情况，其能够提高预算的科学性和准确性。

3. 成本控制

项目成本控制是确保项目在预算范围内进行的重要环节。通过有效的成本控制，项目经理可以及时发现和纠正偏差，避免成本超支，进而确保项目的经济效益和成功率。项目成本控制的核心内容是挣值管理，这个内容将在下一节进行详细介绍。这里首先介绍成本控制的一般步骤。

- 建立成本控制基准：成本控制基准是项目成本控制的参照标准。首先，需要制定详细的成本预算，明确各项活动的预算成本和应急费用；其次，需要建立成本控制的流程和制度，明确成本控制的责任和权限。

- 监控实际成本：在项目执行过程中，持续监控实际成本与预算成本的差异。通过定期的成本核算，及时发现成本偏差并进行分析和报告。常用的成本监控工具包括成本控制表、成本核算表和挣值管理系统等。

- 分析成本偏差：对发现的成本偏差进行详细分析，找出偏差的产生原因和影响因素。常用的成本偏差分析方法包括因果分析、鱼骨图和帕累托分析等。通过分析成本偏差，可以找出问题的根源并采取有针对性的纠正措施。

- 采取纠正措施：根据成本偏差分析的结果，制定和实施纠正措施。常见的纠正措施包括调整资源配置、优化工作流程、增加培训和指导等。通过及时采取纠正措施，可以减少成本偏差，进而确保项目在预算范围内进行。

- 审批和记录变更：对项目范围、进度和成本的任何变更进行严格控制和审批。通过建立变更控制委员会，评估变更的必要性和影响，进而确保所有变更均经过审批和记录。变更记录是项目成本控制的重要文档，其能够提供详细的变更历史和决策依据。

- 成本预测和预警：根据当前的项目进展情况，进行成本预测和预警。通过趋势分析、回归分析和蒙特卡罗模拟等方法，预测未来的成本支出，以便提前发现潜在的成本超支风险。通过预警机制，可以及时采取预防措施，进而避免成本超支。

- 定期报告和沟通：定期编制成本控制报告，向项目团队和相关方汇报成本控制的情况。报告内容包括成本偏差、纠正措施、变更记录和成本预测等。通过定期的报告和沟通，可以提高项目团队和相关方的成本意识，进而确保成本控制的有效性。

- 持续改进：在项目执行过程中，持续改进成本控制的流程和方法。通过总结和分析成本控制的经验和教训，不断优化成本控制的策略和措施，提高成本控制的效果。常用的持续改进方法包括 PDCA 循环（计划—执行—检查—行动，Plan-Do-Check-Act）、精益生产和六西格玛等。

2.3 挣值分析法

挣值分析法（Earned Value Analysis，EVA）是项目实施过程中一种常用的绩效评价方法，用以分析目标实施与目标期望之间的差异。挣值分析法通过测量和计算已完成工作的预算与已完成工作的实际成本和计划工作预算得到有关计划实施的进度和成本偏差，以便项目管理团队评估和测量项目绩效和进展。

2.3.1 关键性能指标

计划工作的预算（Budgeted Cost of Work Scheduled，BCWS），也称为计划价值（Planned Value，PV），它是指在一个给定的期间内完成计划的工作量所需的预算成本，其计算公式为：

$$BCWS = 计划工作量 \times 预算定额$$

已完成工作的预算（Budgeted Cost of Work Performed，BCWP），也称为挣值（Earned Value，EV），它是指在一个给定期间内实际完成的工作量按预算定额计算出来的成本，其计算公式为：

$$BCWP = 已完成工作量 \times 预算定额$$

已完成工作的实际成本（Actual Cost For Work Performed，ACWP），也可简称为实际成本（Actual Cost，AC），它是指在项目实施过程中一个给定的期间内实际已完成工作的支出费用。

2.3.2 指标分析

1. 偏差分析

在项目控制分析系统中，偏差分析是较为常用的分析工具。偏差是指实际成本、进度或质量指标与相应的计划指标间的偏离。由于控制的反馈性，所以组织中各管理层都经常利用偏差来验证计划并进行进度控制。

成本偏差（Cost Variance，CV），负数表示超支，正数则表示节支，其计算公式为：

$$CV = BCWP - ACWP$$

进度偏差（Schedule Variance，SV），负数表明落后于计划，正数则表明超计划完成，其计算公式为：

$$SV = BCWP - BCWS$$

为了便于读者更好地理解上述计算公式的含义，可以利用图 2-5 来解释上述计算公式中参数 CV、SV、BCWS、BCWP、ACWP 之间的关系。

在进行成本和进度偏离计划程度的分析时，为了更好地说明问题，常常用计划偏差率反映实际与预算的偏离程度。

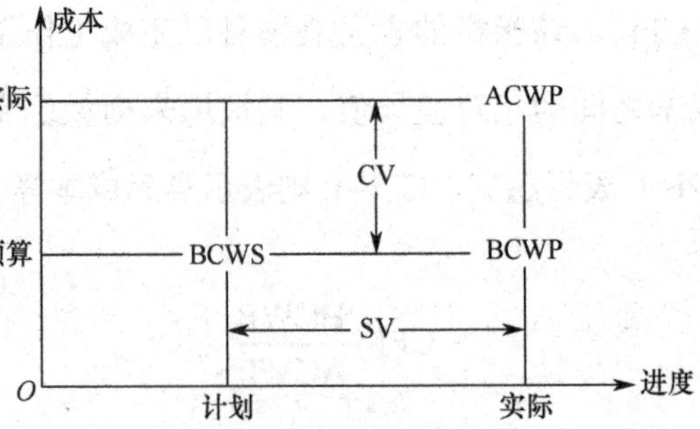

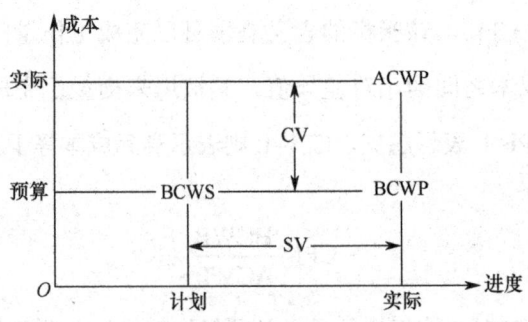

图 2-5　CV、SV、BCWS、BCWP、ACWP 之间的关系

成本偏差率（Cost Variance Proportion，CVP），反映了实际成本对计划成本的偏离程度，其计算公式为：

$$CVP = \frac{CV}{BCWP}$$

进度偏差率（Schedule Variance Proportion，SVP），反映了实际进度对计划进度的偏离程度，其计算公式为：

$$SVP = \frac{SV}{BCWS}$$

图 2-6 反映了项目在不同阶段，偏差允许值大小的变化。随着时间的推移，风险减少了，因而偏差允许的范围也降低了。

2. 绩效指标分析

通常，我们还可以把 SV 和 CV 转化为效率指标，以便把项目的成本和进度绩效与其他项目做比较或在同一项目组合内的各个项目之间进行比较。

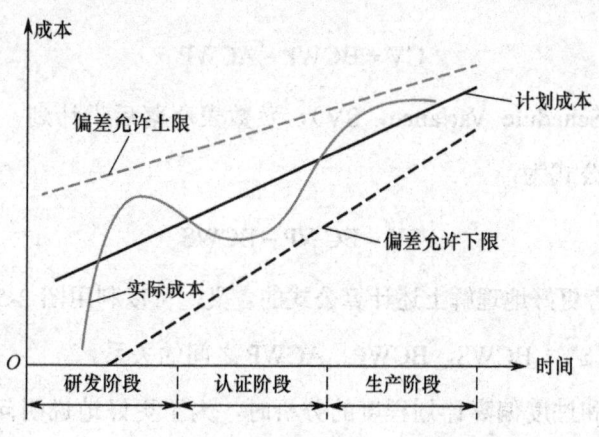

图 2-6　项目周期阶段成本偏差允许值变化情况

成本绩效指标（CPI），该指标的含义是项目已完成工作量的实际成本与项目已完成工作量的预算成本之间的相对差异值，其被用来衡量已完成工作的成本效率。CPI>1 表示节支，CPI<1 表示超支，CPI=1 则表示实际成本等于预算成本，CPI 的计算公式为：

$$CPI=\frac{BCWP}{ACWP}$$

进度绩效指标（SPI），该指标的含义是项目挣值指标与项目计划作业的预算成本之间的相对差异值，其被用来衡量项目的完工程度。SPI>1 表示进度提前，SPI<1 表示进度延误，SPI=1 则表示实际进度等于计划进度，SPI 的计算公式为：

$$SPI=\frac{BCWP}{BCWS}$$

通过对上述挣值指标的分析，可以及时判断项目的进度及成本状态，同时根据实际状态进行原因分析并采取有效对策使成本与进度相协调，进而找到二者的平衡点。

第二部分

进度与成本数智化管控体系与流程

第三章　数智化管控体系设计

本章介绍的航空研制项目进度与成本数智化管控体系旨在实现对航空研制项目范围、进度和成本的有效计划、实施和控制，并在项目执行过程中为管理和研制业务部门提供准确的项目进度与成本状态数据和绩效评估结果。本章首先介绍航空研制项目进度与成本数智化管控体系的设计目标、总体框架；然后详细介绍管控体系中的主要功能模块；最后介绍参与该管控体系设计的相关部门人员的角色与责任。

需要说明的是，项目绩效一般是指项目在执行过程中和完成后所达到的效果和效率，通常与项目的目标和期望结果进行比较。它反映了项目管理的成功程度以及项目在时间、成本、质量等方面的表现。本书聚焦于基于挣值管理的进度与成本绩效管控。

- **进度绩效**是指项目在时间管理方面的表现，是项目在既定时间框架内完成工作的效率和效果。进度绩效评估有助于确定项目是否按计划推进，并识别出潜在的延误或提前完成的情况。有效的进度管理是项目成功的重要因素之一，因为时间延误可能导致成本超支、资源浪费以及客户不满等情况的发生。进度绩效一般通过比较项目的实际进度与原定计划之间的差异，来确定项目是否按时进行。

- **成本绩效**是指项目在预算管理方面的表现，是项目在既定预算范围内完成工作的效率和效果。成本绩效评估有助于确定项目是否在预算内进行，并识别出潜在的成本超支或节省情况。有效的成本管理是项目成功的重要因素之一，因为成本超支可能导致项目整体失败或利润率下降等情况的发生。成本绩效一般通过比较项目实际支出与预算之间的差异，来确定项目是否在预算内进行。

3.1 数智化管控体系架构

3.1.1 设计目标与思路

本书提出的航空研制项目进度与成本管控体系的总体设计目标是实现对大型复杂航空研制项目范围、进度和成本的有效计划、实施和控制，并在项目执行过程中为项目管理和研制业务部门提供准确的项目进度与成本状态数据和绩效评估结果。航空项目进度与成本管控体系设计的具体思路如图 3-1 所示。

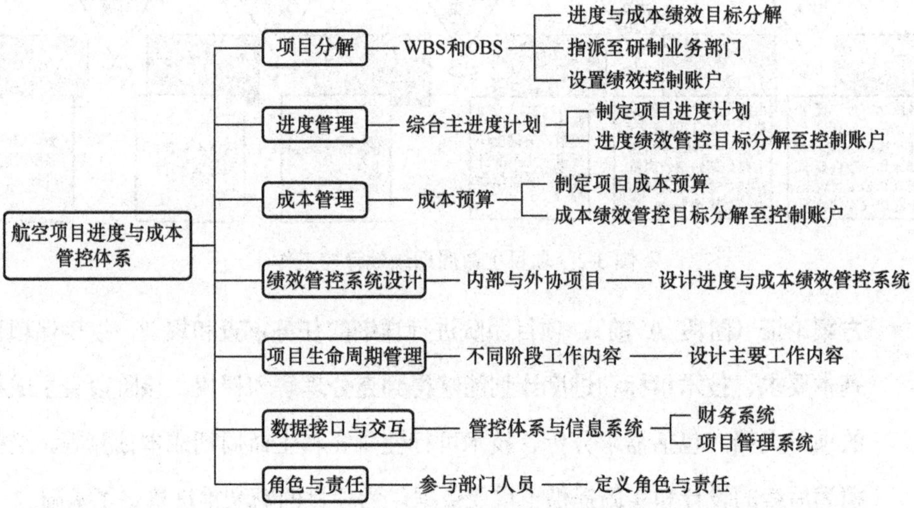

航空项目进度与成本管控体系

- 项目分解 —— WBS和OBS —— 进度与成本绩效目标分解 / 指派至研制业务部门 / 设置绩效控制账户
- 进度管理 —— 综合主进度计划 —— 制定项目进度计划 / 进度绩效管控目标分解至控制账户
- 成本管理 —— 成本预算 —— 制定项目成本预算 / 成本绩效管控目标分解至控制账户
- 绩效管控系统设计 —— 内部与外协项目 —— 设计进度与成本绩效管控系统
- 项目生命周期管理 —— 不同阶段工作内容 —— 设计主要工作内容
- 数据接口与交互 —— 管控体系与信息系统 —— 财务系统 / 项目管理系统
- 角色与责任 —— 参与部门人员 —— 定义角色与责任

图 3-1 航空项目进度与成本管控体系设计的具体思路

航空项目进度与成本管控体系主要包括以下内容：

- 根据项目的工作分解结构和组织分解结构将项目的进度与成本绩效目标分解指派至研制业务部门，并在部门层级上设置对应的绩效控制账户；

- 制定项目的综合主进度计划并将进度绩效管控目标分解至控制账户；

- 制定项目成本预算并将成本绩效管控目标分解至控制账户；

- 从研制业务部门承担的内部项目和外协项目两方面设计相应的进度与成本绩效管控系统；

- 设计项目生命周期不同阶段内的项目绩效管控的主要工作内容；

- 设计管控体系与研制承担单位的财务系统、项目管理系统等相关信息系统的数据接口与交互；

- 定义相关参与部门人员的角色与责任。

3.1.2 管控体系架构设计

1. 项目生命周期各阶段绩效管控工作

图 3-2 描述了航空研制项目生命周期各阶段所对应的绩效管控工作的内容，特别是关于挣值管理的相关活动。这些活动主要分为以下几个阶段，每个阶段都有具体的任务和目标。

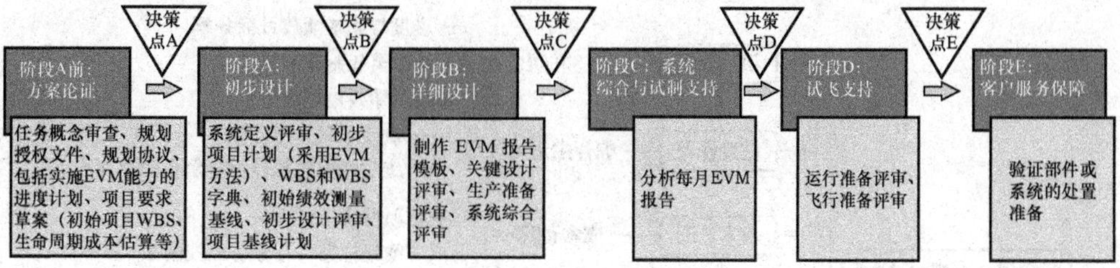

图 3-2　项目生命周期绩效管控工作

- **方案论证（阶段 A 前）**：项目团队进行详细的任务审查和规划，以确保项目的基本要求、技术指标和进度计划能够得到充分理解和授权。该阶段会生成初步的项目文档，包括需求分析、技术可行性研究和生命周期成本估算等。这些文档为后续的设计和实施提供了重要依据，为项目的顺利推进奠定了基础。

- **初步设计（阶段 A）**：项目团队进行系统定义评审，以确保设计方案符合项目的技术要求和市场需求。该阶段会制定初步设计评审计划，明确设计基线，确保设计过程中的各项决策都经过严格评审，以降低后续修改的风险。此阶段还包括建立项目基线计划，明确各个里程碑的时间节点和资源配置，以便为后续的详细设计奠定基础。

- **详细设计（阶段 B）**：项目团队制作 EVM（挣值管理）报告模板，结合项目计划、关键路径和初始绩效测量，实时监控项目的进度和成本。该阶段会进行详细的设计评审，以确保所有设计元素符合预期标准，特别是会对关键系统和组件的设计进行深入分析，以确保其可靠性和安全性。此外，还需对设计变更进行有效管理，以保证项目目标不受影响。

- **系统综合与试制支持（阶段 C）**：项目团队对比分析每月的 EVM 报告，确保项目的整体进度和成本控制。该阶段会进行系统集成测试，以确保各个子系统之间的协同工作，并进行试制支持，验证设计的可行性和制造过程的有效性。同时，还需制定详细的试制计划，以确保对试制过程中的每一步都能够进行有效记录和评估。

- **试飞支持（阶段 D）**：项目团队进行试飞准备评审，以确保所有系统准备就绪，包括飞行控制系统、动力系统和机载设备等。该阶段通过模拟飞行和地面测试，验证飞机在各种飞行条件下的性能，以确保其安全性和可靠性。此外，还需制定应急预案，以应对试飞过程中可能出现的各种突发情况。

- **客户服务保障（阶段 E）**：在项目交付完成后，进行客户服务保障，验证部件或系统的处置准备，以确保在项目交付后能够进行有效的服务和保障。该阶段会设立维护和支持团队，制定详细的维护手册和培训计划，以确保用户能够熟练操作和维护飞机。

上述所有流程旨在通过系统化的管理方法，确保项目在各个阶段的进度和成本都能得到有效控制，从而实现项目的成功交付。通过严格的管理和评估，航空研制项目能够在复杂的环境下保持高效运作，以确保最终产品的质量和性能满足预期目标。

2. 体系架构设计

通常，能够适应绩效管控体系的总承包项目既需要研制承担单位内部各个研究设计业务部门承担相应的工作任务（简称内部项目），又需要外部的协作配套单位承担相应的工作任务（简称外协项目）。

本节将基于项目管理知识体系中的挣值理论，并借鉴国外航天航空研制项目管理的相关文献资料[27-30]，设计出符合我国航空研制项目特征的项目进度与成本管控体系，具体包括基础功能模块、核心功能模块、数据流程以及与研制承担单位的财务系统、项目管理系统等信息系统或者项目管理工作相关的数据接口、输入/输出关系。如图 3-3 所示，本节设计的管控体系包括了四大模块组，16 个具体功能模块。

控制账户设置模块组：从航空研制项目策划开始，以项目任务目标和产品分解结构（Product Breakdown Structure，PBS）为输入，利用工作分解结构（WBS）和组织分解结构（Organizational Breakdown Structure，OBS）将项目总体进度与成本目标分解至研制业务部门，并建立相应的绩效控制账户。

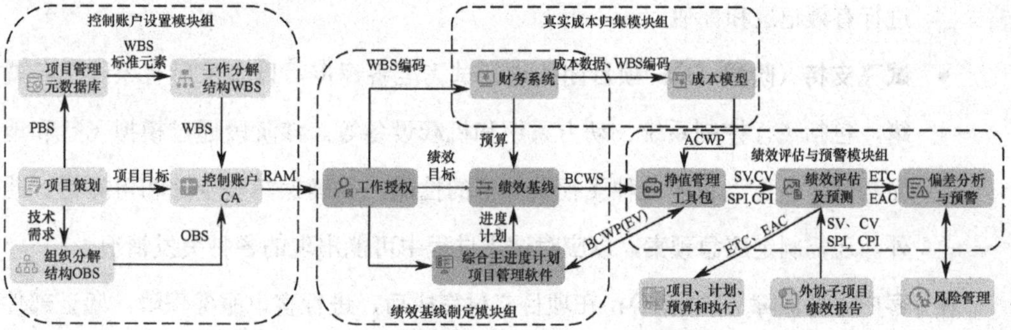

图 3-3　管控体系整体架构设计方案

绩效基线制定模块组：以项目综合主进度计划和预算为输入，将进度与预算结合，制定项目整体的进度与成本集成绩效基线，并将进度与成本的绩效目标分解至对应的绩效控制账户。

真实成本归集模块组：在项目执行阶段，从财务系统中导出项目实际发生的成本，并在成本模型中利用 WBS 编码作为索引，将直接成本归集至控制账户。

绩效评估与预警模块组：以实际成本和实际进度状态数据为输入，利用挣值分析工具包，评估并预测项目进度与成本绩效状态，分析产生的偏差并对项目未来阶段可能存在的进度延期与成本超支情况进行预警。

此外，管控体系还包括了工作授权、风险管理和外协子项目绩效报告等功能模块，这些功能模块可以逐步加入管控体系中，以全面提升项目绩效集成管控的效果。

3.2　基础功能模块介绍

3.2.1　工作分解结构

在航空研制项目早期的方案论证阶段，应制定初步的 WBS 文档。该文档作为针对项目工作范围的共识性文档，可以为项目工作任务的指派授权提供依据，并初步确定项目的哪些工作任务可以由研制单位内部的研制业务部门负责，哪些工作需要由外部协作单位完成以及哪些成品可以通过配套单位直接采购。同时，该文档也是制定项目进度计划和资金需求的基础性文件。

项目的 WBS 文档不仅为进度和成本绩效分析与监测提供了基础数据，还支持在不同项目层级和粒度上进行自下而上和自上而下的绩效分析与监测。同时，WBS 文档为项目的内部和外部沟通提供了统一的"语言"，为管控体系与研制单位的财务系统、项目管理系统等其他信息系统和项目管理工作的交互建立了一致性索引。

3.2.2 绩效控制账户设置

在项目管理中，OBS 文档用于根据 WBS 描述负责执行项目任务的研制业务部门或人员，以明确项目的计划、实施和绩效报告等相关工作的责任和义务，并由此生成责任分配矩阵（Responsibility Assignment Matrix，RAM）。WBS 与 OBS 的交汇处即为项目的绩效控制账户（Control Account，CA）。该账户是进行项目工作授权、绩效监测和偏差分析以及工作绩效衡量的关键节点，同时也是挣值管理中计划工作预算（BCWS）、已完成工作的预算（BCWP）和实际成本（ACWP）的计算单元。项目管理部门需通过工作授权文件正式授权负责绩效控制账户的相关部门或人员，该授权文件应包含工作范围、工期、进度计划和成本预算的授权信息等内容。

3.2.3 绩效基线评审

项目绩效基线（Baseline）评审是基于挣值理论进行项目进度与成本管控的必要工作。初步制定绩效基线是在项目计划阶段末尾进行的，这为项目通过评审并进入实施阶段提供了重要参考。在项目进入实施阶段后，如遇到对项目成本和进度基线产生重大影响的变化，那么项目管理部门应对绩效基线进行重新评审，以确保项目的工作范围、成本、进度和风险的一致性，并确保后续实施阶段的进度与成本绩效监测和偏差分析等管控工作能够顺利进行。如果某个控制账户的绩效发生了显著变化，那么需由对应的研制业务部门对其绩效基线进行重新评审。项目绩效基线和绩效测量基准（范围、进度、预算、完工估算）的变化都应被记录下来，以确保管理控制和评审的可追溯性。同时，为保证灵活性，允许对绩效基线进行修改，以确保其在尽可能接近实际情况的同时，考虑到了项目成本、进度和技术绩效测量的可操作性。

3.2.4　成本模型构建

成本模型定义了完成项目范围内的工作所需的人力资源、材料、设备等资源，并包括相关资源的费率、工时和项目工作日历等信息，为项目成本预算的制定和控制以及技术参数的设计提供了相关的成本数据与信息。成本模型的另一重要功能是将财务系统中有关项目发生的财务费用数据通过 WBS 文件和责任分配矩阵等转化为项目控制账户中实际发生的成本数据。研制单位的人事部和财务部应负责制定和维护成本模型中的人力资源基础数据，例如不同类型人力资源的劳动率、工时费率等。研制人员的每年标准和最大工作小时数可作为项目进度与成本绩效测量的基准。同时，财务部需要在财会月度、季度结算的最后一天收集每月、每季度的项目实际成本数据。此外，还应基于项目目标成本估算或项目预算基数建立项目预算日志。该日志文档用来保存项目预算和项目生命周期内的所有变更，并提供基于时间线索的追溯。项目预算日志应记录项目总预算如何分配到控制账户以及未分配的费用和管理储备等信息。

3.2.5　综合主进度计划制定

综合主进度计划是项目研发过程中的全面、高层次时间计划表，也是项目进度计划制定的基础。它准确反映了从概念设计、工程设计、制造、测试、认证到最终交付的整个项目研发过程以及包含的关键节点。综合主进度计划对项目计划中的工作任务进行了准确的时间划分，可用于整合工作范围、成本和进度，也可用于协调复杂航空研制项目中的各个环节。综合主进度计划的编制可利用从项目工作范围中识别出来的重要工作任务和里程碑以及这些任务的工期、相互依赖关系、项目约束等。同时，项目预算计划的编制应与综合主进度计划的编制保持基本一致，以确保二者能够整合为项目绩效基线。

3.3 核心功能模块介绍

3.3.1 挣值管理工具包

为了追踪项目成本的发生情况同时便于对进度和成本绩效进行衡量，在项目计划阶段需要建立基于项目综合主进度计划的项目绩效基线，即挣值管理理论中的计划研制工作的预算成本（BCWS 或 PV）。绩效基线反映了项目计划中按时间阶段完成的工作的价值。项目在实际执行过程中，已完成的研制工作任务的价值（即挣值，BCWP 或 EV）就是项目按时间阶段获得的价值。随着项目的进行，已完成研制工作任务的实际成本（ACWP）可通过财务系统记录在成本模型中。这三个挣值管理指标包含了分析项目进度和成本绩效所需的数据。

3.3.2 绩效评估与预测

通过整合航空研制项目的进度与成本数据，可以进一步评估项目中某个控制账户和项目整体的进度与成本绩效。关于进度与成本数据整合可采用的多种计算方法和模型，将在第七章中详细介绍。目前许多商业化项目管理软件或者挣值管理软件工具（Primavera、MS Project、Cobra®、Empower 等）都可以实现进度与成本数据的自动化整合和分析功能。其中，Cobra® 和 Empower 是美国国家航空航天局开发的成品商业软件工具，可用于分析和报告挣值。

通过绩效评估，可以监测到实际绩效与基线之间的偏差，然后可以通过进一步分析，判定偏离基准的原因和程度，并根据事先设定的偏差阈值决定是否需要采取必要的纠偏或预防措施。进度和成本偏差是最需要关注的两种偏差，其对应的偏差分析指标如下。

- **进度偏差（SV）**：测量进度绩效的指标，为已完成工作的预算（BCWP）与计划工作的预算（BCWS）之差（SV= BCWP－BCWS）。它是指在某个给定的时间点，项目提前或落后的进度。在实际应用中，还可以将进度偏差与关键路径法（CPM）和风险管理一起使用。
- **成本偏差（CV）**：测量成本绩效的指标，为已完成工作的预算（BCWP）与已完成工作的实际成本（ACWP）之差（CV=BCWP－ACWP）。它是指在某个给定时间点，预算亏空或盈余的额度。由于成本偏差指明了实际绩效与成本支出之间的关系，因此该指标非常重要。

- **进度绩效指数（SPI）**：测量进度速率的指标，为已完成工作的预算（BCWP）与计划工作的预算（BCWS）之比（SPI= BCWP/BCWS），反映了完成研制工作的效率。有时与成本绩效指数（CPI）一起使用，以完成对项目的最终完工估算。当 SPI 等于 1 时，说明工作正在按计划进行；当 SPI 小于 1 时，说明已完成的工作量未达到计划要求；当 SPI 大于 1 时，说明已完成的工作量超过计划。由于 SPI 测量的是项目的总工作量，所以还需要对关键路径上的绩效进行单独分析，以确认项目是否比计划完成日期提前或推迟。

- **成本绩效指数（CPI）**：测量成本效率的指标，为已完成工作的预算（BCWP）与已完成工作的实际成本（ACWP）之比（CPI = BCWP/ACWP）。它是关键的成本绩效指标，用来测量已完成工作的成本效率。当 CPI 等于 1 时，说明已完成工作的成本刚好等于计划成本；当 CPI 小于 1 时，说明已完成工作的成本超支；当 CPI 大于 1 时，说明到目前为止成本有结余。

项目进度与成本绩效的预测指标主要有：

- **完工尚需成本估算（Estimate-To-Complete，ETC）**：项目或者某个控制账户继续完成剩余任务的预计成本。本质上，ETC 就是以已完成工作的实际成本为基础，根据已积累的经验为剩余任务编制新的成本估算。

- **完工总成本估算（Estimated At Completion，EAC）**：预测完成项目或者某个控制账户所有工作任务时所发生的总成本。当工作范围未发生变更时，EAC 包括迄今为止的成本和对剩余工作任务的成本估算。根据定义，完工尚需成本估算和完工总成本估算的关系可表示为：ETC = EAC－ACWP。

需要注意的是，完工尚需成本估算和完工总成本估算可以为项目计划制定和执行过程中对资金的需求和使用情况提供重要的参考。

3.3.3 偏差分析与预警

为了能够在项目执行阶段掌握项目进度和成本的绩效状态，需要通过项目绩效报表获得项目月度或者季度的进度和成本状态数据，并快速定位项目重大技术、成本和进度偏差的来源。在项目绩效报表中，通常按项目 WBS 结构，从下至上收集项目控制账户到项目级的三个重要挣值管理数据，即 BCWS、BCWP 和 ACWP，并通过这三个重要数据，在绩效报表中进一步分析出项目进度和成本的偏差（SV 和 CV），并预测出项目完工尚需成本估算（ETC）和完工总成本估算（EAC）等。

上述挣值管理数据和基于这些数据的进度与成本状态数据，应根据不同管理级别的需要，包含在不同级别的项目阶段性评审报告中。同时，挣值管理数据应该与项目技术、风险等方面的信息相结合，并综合考虑相关的进度影响、成本驱动因素和相应的风险，以便整体反映项目的实际状态。

在进行偏差分析时，首先需要为控制账户和整体项目设定对应的进度与成本偏差阈值。偏差分析主要聚焦于进度与成本偏差超过这些阈值的控制账户。启动偏差分析工作后，首要任务是评估绩效报表中基础挣值管理数据（BCWS，BCWP 和 ACWP）的有效性，以确保数据合理和准确，针对异常数据应给出异常原因的分析结果。对超过阈值的偏差，应从以下两方面进行分析。

- **归因分析**：项目绩效报告能反映项目真实状态与基线的偏差，但并不能揭示出问题的根源。因此，对于超过阈值的偏差，需要进一步通过成本费率、资源使用情况、工作效率以及这些因素的组合进行量化分析，来找出偏差发生的根本原因。

- **影响评估**：识别出的偏差不仅会对所属的控制账户的后续工作产生影响，还会通过项目工作任务之间的前后逻辑关系（即网络逻辑计划图）传导至项目的其他控制账户。因此，除了对发生偏差的控制账户进行后续影响的分析，还应根据成本、进度、技术或这些方面的组合来评估其对项目其他未完成和未开展的控制账户以及项目整体的影响。

在影响评估中，一个重要的指标是完工总成本估算（EAC），它是项目或者控制账户的预期总成本，包括迄今为止的成本和对完成剩余工作的成本估算。EAC 反映了项目成本和执行过程中所需要的预算（资金）。在对月度或者季度项目绩效报表进行分析时，可以更新各个控制账户的 EAC。对于大型复杂航空研制项目来说，至少每年应进行一次自下而上的完工估算，以便了解项目到完成时还需要的资金

（ETC），进而为项目年度计划、资金预算的制定提供重要依据。

值得注意的是，在实际管理工作中，由于受技术的不确定性和内外部各种随机扰动因素的影响，对 EAC 和 ETC 的估计往往具有较高的难度，因此需要将实际项目管理者的经验和数字仿真模型相结合。本书在第三部分将构建基于系统动力学的仿真系统，该系统包括了对单个控制账户和基于网络逻辑计划图的项目整体的进度与成本绩效预测模型。该仿真系统将管理者的经验和知识作为参数变量，同时将逻辑约束关系作为输入，可预测出不同情景下对项目进度与成本绩效产生影响的统计指标。

3.3.4　外协子项目绩效管控

在某些航空研制项目中，相当大比例（高达 90%）的研制任务是由研制单位以外协的方式委托配套单位来协作完成的。因此，对于合同金额较大的外协子项目，也可以开展进度与成本绩效管控。对外协子项目的绩效管控主要分为外协合同签订前的绩效计划和合同执行中的绩效评审两种情况。在整个合同的规划和采购过程中，项目管理办公室需要与外协采购以及合同管理相关部门进行沟通协作，以确定外协子项目合同补充协议对项目绩效的要求条款。在合同签订执行阶段，可以通过合同检查节点和资金拨付节点对外协子项目执行情况进行评审。

3.4　部门及人员的角色与责任

为了实施上述数智化管控体系，需要重新定义研制项目承担单位的参与部门和人员在项目绩效管控中的角色和责任。

1. 项目主管

项目主管对适用政策、要求和授权文件指定的项目目标、进度、成本和质量等方面负组织管理责任。其主要职责包括但不限于以下内容：

- 在项目早期制定过程中，建立项目组织及关键结构，以促进项目绩效管控体系的有效实施和使用（例如项目工作分解结构、组织分解结构、责任分配矩阵、控制账户等）。
- 在外协项目招标阶段，确保对外协子项目的绩效管理在招标文件中做出了明确的定义和要求。

- 在整个项目计划的制定过程中，就项目绩效管控体系的实施、维护、监督和评审与研制单位的相关部门和人员进行协调并获得支持。
- 规定项目和合同报告中的挣值管理数据的要求，包括格式和工具等。
- 向相关部门的主管人员提供预算和人员配置预测方案，以确保未来资源的可用性。
- 在一定授权范围内，制定研制单位内控制账户的授权、绩效基线变更请求、完工估算等要求，并记录在项目管理日志中。
- 执行项目绩效报告和分析，并将报告提交至更高层的领导。

2. 项目经理

项目经理具体负责项目绩效管控的计划制定和实施。项目经理的职责应包括但不限于以下内容：

- 执行项目所需资源的分析工作。协助完成项目成本预算制定和资源（特别是人力资源）使用规划同时处理基线变更请求；在规划期间，协助绩效控制账户专员，确保预算规划与实际费用的预期是相同的；协助编制和分析项目绩效报告。
- 执行项目规划和进度计划工作。协助研制业务部门主管制定所承担的研制任务的进度计划；更新进度绩效和其他必要的数据来维护现有的进度计划，以反映当前的计划和批准的进度基线间的差异；确保项目按内部横向业务部门和 WBS 纵向的进度数据进行整合；评估综合主进度计划的整体性和数据有效性；制作项目进度状态和绩效分析报告。
- 协助项目主管管理和汇报项目预算、成本、进度和绩效数据，执行项目挣值管理数据的计算和分析。
- 建立和维护项目成本和进度基线文件、工作授权指令和项目预算日志。
- 向项目主管提供项目月度/季度/年度综合绩效管理报告。

3. 挣值管理分析师

每个具有挣值管理要求的项目都应指定一名挣值管理分析师。挣值管理分析师的职责应包括但不限于下述内容：

- 为项目计划制定挣值管理实施计划。

- 协助项目经理和合同管理人员，确保招标文件中包含挣值管理招标条款，并使用挣值管理合同条款。

- 对外协配套单位投标文件中关于挣值管理方面的内容进行评估。

- 协助项目经理完成绩效基线评审，并确保将绩效评审纳入外协子项目合同的补充协议中。

- 协助项目团队进行挣值管理培训或给项目团队提供挣值管理培训。

- 完善项目绩效管控体系的实施、培训和使用工具；维护项目预算日志；向绩效控制账户专员提供控制账户文件；准备项目绩效报告；协助绩效控制账户专员建立和维护控制账户计划，完成绩效分析。

- 对月度/季度/年度项目和外协子项目的挣值管理数据的有效性进行检查，以评估挣值管理数据的可靠性，进而支持对项目绩效的分析和监督，识别问题与潜在风险。

- 分析绩效数据并根据需要准备完工总成本估算。协助项目经理和部门主管进行项目年度完工成本估算，以支持项目计划、预算和后续执行的过程。

- 定期参加项目风险会议，以确保风险被记录在完工估算和进度计划中，并评估管理储备金的充分性。

- 参与变更控制会，以确保变更及时纳入绩效测量基准和完工总成本估算。

4. 研制业务部门主管

研制业务部门主管在项目绩效管理中担负以下职责：

- 管理所在部门的技术研发人员在多个项目或工作中的分配情况，协调多个事项的优先级。

- 与项目管理部门达成绩效协议，在规定的时间范围内提供必要的技术人力支撑。

- 确保在负责的职能领域建立和保持核心能力，增强技术储备以便于未来项目的顺利开展。

5. 研制业务部门绩效管控秘书

每个研制业务部门都应指定一名代表作为其绩效管控秘书，其职责应包括但不限于以下内容：

- 担任研制业务部门任务绩效管控的联络代表。
- 在部门主管授权下，作为代表参加项目绩效管理计划和要求的编制。
- 协助挣值管理分析师编制该部门绩效管控计划。
- 协助合同管理人员和项目经理确保外协子项目的招标文件中包含绩效管控的相关条款和要求，并确保合同的补充协议中包含了绩效管控条款和挣值管理数据报表要求。
- 对外协配套单位的标书在绩效管控方面进行评价。
- 按要求准备和提交部门所负责的控制账户的绩效管控实施和挣值管理方案。
- 按要求分析绩效数据，计算并提交所负责的控制账户的完工总成本估算。

6. 绩效控制账户专员

绩效控制账户专员全面授权所负责的控制账户范围内的成本、进度和技术性能，以及控制账户内的工作包在授权工作范围内的成本、进度和技术性能。

7. 外协合同管理专员

外协合同管理专员根据本章 3.3.4 节中介绍的外协子项目绩效管控的内容，全面负责谈判和执行对合同的管控，以确保在合同补充协议中包含了适当的绩效管理条款和数据报表要求。

第四章 绩效控制账户设置

本章将对航空研制项目的绩效控制账户的设置方法进行详细介绍。首先，我们将介绍控制账户的设置流程，具体包括如何定义和分配控制账户，以确保项目的进度、预算和范围能够得到有效的管理。其次，我们将详细描述与控制账户相关的关键模块，包括工作分解结构（WBS）、组织分解结构（OBS）和责任分配矩阵（RAM）等。这些模块共同构成了项目管理的基础框架，帮助项目团队明确了各个任务的责任和执行路径。最后，我们将介绍控制账户进行授权工作的具体流程。控制账户授权是确保项目绩效管理的关键步骤，其通过正式的授权文档，明确了需要完成的工作任务、负责的研制业务部门、完成标准以及预算安排。这一过程不仅确保了各项工作的责任落实，还提供了对项目范围、进度和预算的有效控制手段。通过对这些内容的详细介绍，为项目管理人员提供了一个系统化的方法，以有效地规划、执行和监控航空研制项目的各方面，进而确保项目目标的顺利实现。

4.1 绩效控制账户的设置

在进入策划阶段后，随着对项目工作范围和工作分解结构（WBS）的明确与细化，项目管理部门需要执行以下步骤来设置绩效控制账户（CA）：

- **明确工作任务**：将项目 WBS 中第 3～4 层的工作任务分配给研制业务部门。这一步骤确保了每个部门都清楚其负责的具体任务。

- **整合 WBS 与 OBS**：将 WBS 与 OBS 整合起来，以便更好地管理和分配资源。这一步骤可以确保每个工作任务都有明确对应的责任部门和人员。

- **定义和设置绩效控制账户**：根据整合后的 WBS 和 OBS，定义和设置项目的绩效控制账户。绩效控制账户是项目管理中的一个重要工具，可用于监测和控制项目的成本、进度和技术性能。

- **明确职责**：明确研制业务部门在绩效管控中的职责，以确保每个部门和人员

· 42 ·

都了解其在项目中的角色和责任。

- **建立统一的 WBS 和 WBS 字典：** 在研制单位内部建立能够达成共识的唯一一个 WBS 和对应的 WBS 字典。WBS 字典用于描述 WBS 不同层级上的工作任务要素的工作范围，可供研制单位内部和外部相关管理者和人员使用。

绩效控制账户的具体设置流程，参考了美国 NASA 在《EVM 系统说明》中提供的项目 WBS 和绩效控制账户设置流程（如图 4-1 所示）和具体步骤（如表 4-1 所示）。

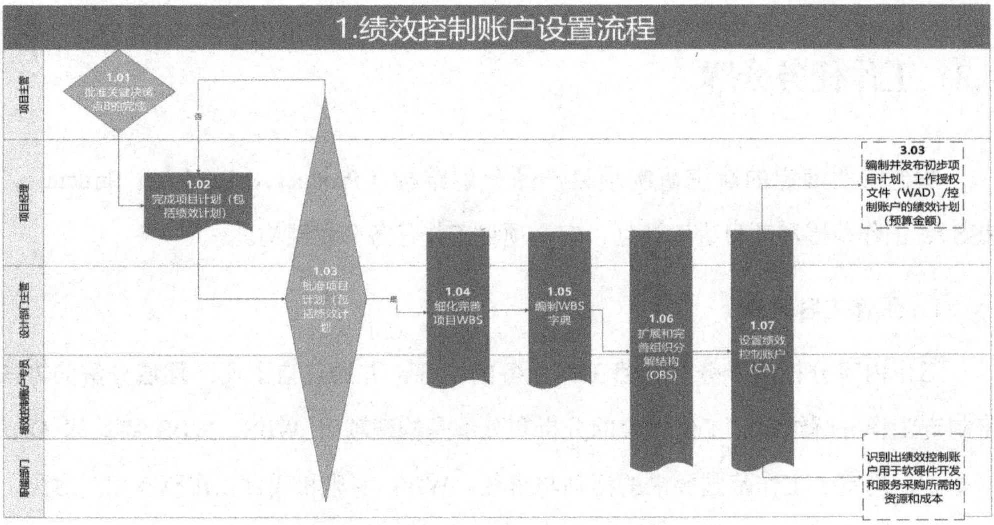

图 4-1 绩效控制账户设置流程

表 4-1 绩效控制账户设置流程具体步骤

步骤编号	动作或输入/输出
1.01	**批准进入项目策划阶段（批准关键决策点 B 的完成）：** 在项目通过论证审批后，进入项目策划阶段
1.02	**完成项目计划（包括绩效计划）：** 完善项目 WBS 定义和任务分配，以及项目进度与成本绩效计划的制定
1.03	**批准项目计划（包括绩效计划）：** 批准项目 WBS、进度计划和预算，使研制业务部门和管理团队在实施阶段基于该绩效计划制定出更详细的控制账户绩效计划
1.04	**细化完善项目 WBS：** 细化初步制定的项目 WBS，使其细化至绩效控制账户所在的第 5 或者第 6 层级，并遵从统一规则进行 WBS 编码
1.05	**编制 WBS 字典：** WBS 字典用来对 WBS 中的工作任务要素进行定义，并为绩效控制账户的设置提供基础工作任务内容。WBS 字典中的条目包含了与对应 WBS 要素相关的工作的描述及其技术等内容

· 43 ·

（续表）

步骤编号	动作或输入/输出
1.06	**扩展和完善 OBS：** OBS 是分层级的组织结构，用于描述参与项目的相关研究研制业务及人员的组织方式与关系。OBS 中确定了 WBS 中规定的工作责任，也包括外协合同商/分包商工作任务
1.07	**设置 CA：** CA 是项目 WBS 和 OBS 的交集点，明确了任务部门所负责执行的 WBS 中的具体工作任务要素。CA 是项目进度计划和预算整合的节点，也是项目执行中收集实际成本和测算绩效的节点
输出	编制并发布初步项目计划、工作授权文件（WAD）/控制账户的绩效计划（预算金额） 识别出绩效控制账户用于软硬件开发和服务采购所需的资源和成本

4.2 工作任务分解

基于前期确定的航空研制项目产品分解结构（Product Breakdown Structure，PBS）、工作范围和项目进度计划，定义项目工作任务分解结构。

1. 工作内容分析

工作内容分析用于分析项目工作任务的内容，并通过自上而下逐层分解的方法来制定工作分解结构。工作内容的分析和分解是构建项目 WBS、WBS 字典和 OBS 的基础，确定了工作范围要求的活动与责任。WBS 字典和项目工作范围相互对照，以确保所有需要的工作都被包含在 WBS 字典中。这些分析结果为责任分配矩阵中记录的工作分配情况提供了依据。

2. 工作分解结构

工作分解结构应该由项目经理和系统工程师连同相关研制业务部门一同创建，并且应获得项目主管和研制业务部门主管的批准，并由项目经理负责维护。工作分解结构将项目自上而下逐层分解并扩展为相应的任务工作组件和要素。首先，从最高的项目级别中识别出项目的子项目；然后，将子项目分解为系统、子系统和组件（即硬件、软件、服务或设施），直至可进行绩效管理的控制账户以及更下层的工作包（Work Package，WP）和规划包（Planning Package，PP）。

1）工作分解结构编码

每个工作分解结构要素都分配了唯一的代码，该代码可作为整个项目生命周期内工作任务在技术和财务系统间的唯一标识。通用编码系统有助于加强项目内部和外部参与者之间的沟通。在实践中可以采用简单的十进制编码系统，简洁清晰地表示任务要素和相关的下级或下级要素的级别。

2）分解 WBS 层级与粒度的原则

工作分解结构要素所分解的层级和粒度往往由以下因素决定：

- 满足外部甲方汇报项目进展情况的需求；
- 对底层任务要素的执行与管理，可以由研制业务部门内的某个研究室或者个人独立完成；
- 便于外部合同商/分包商的沟通与协调；
- 满足项目对工作任务要素的风险、复杂性和关键性的要求；
- 便于任务要素的成本核算；
- 满足管理层对任务要素的可视化的管理控制要求；
- 需要考虑与研制单位现有财务系统、项目管理信息系统以及其他信息系统的数据交互的便捷性；

3）WBS 字典包含的内容

- 标题页：不仅包含项目标题、项目计划编号、文件发布日期以及项目经理和业务经理的批准，还包含修订指示符和被批准的与以前版本相比所做的更改的内容；
- 索引：索引将交叉引用每个 WBS 编号到相应的项目计划；
- 说明：包含 WBS 每个要素的主要信息；
- WBS 编号和标题：每个描述都将用 WBS 代码和要素的标题或名称进行标识，要素的顺序应与 WBS 索引相同；
- 描述：关于 WBS 要素的定义，主要用来说明要素是什么以及与 WBS 要素相关的工作（如设计、开发和制造）和其技术内容；
- 可交付成果：定义执行工作产生的可交付成果（如适用）。

3. 组织分解结构

项目组织由执行可交付物的主要研制业务部门和主要分包合同商以及项目管理团队组成。项目组织对将要执行的工作负完全责任。项目由项目主管、项目经理和

控制以及部门主管所经营的整个项目内容都容易发生重叠。但控制以多部门为基础的原则以所属部门为
有效控制户的范围。进度和预算的同接合成重。承接控制账户有时则其接有部门重复且
体控制户的范围。进度和预算。每个项目的因为项目经过分配完重他们的工
作任务名称。

4.3 工作任务与组织分解的集成

1. 承任分配矩阵

承任分配矩阵用于明确控制以多部门所存承担的工作任务。是工作分解结构
与组织分解结构的交集。图 4-2 展示了某项目的 WBS 和 OBS 交集所确定的承任分配
矩阵。

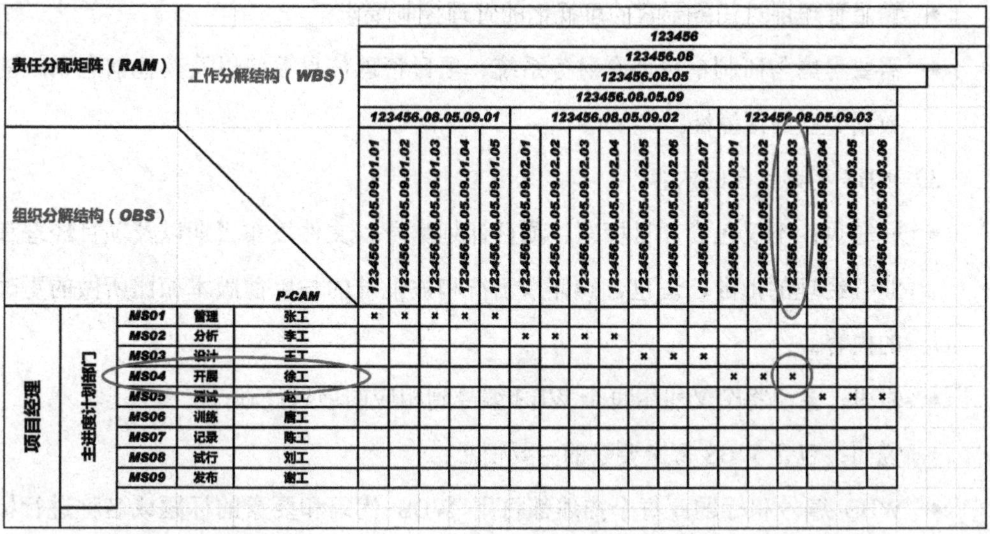

图 4-2 承任分配矩阵

2. 承效控制账户

WBS 和 OBS 的交叉集点被称为项目任务承担的承效控制账户（CA）。承效控制账
户是项目进度计划和预算工作以及项目执行的计划基础和持绩控制的基
位。它是项目进度计划和跟踪的重要节点，包括了 WBS 中对应工作任务重要的核
位。预算和进度计划以及重的工作分配。成本水准化，进度计化，承效值差异的测和
纠正措等。承效接控制户有自需要增补分配接控制户的工作范围，则差相应的

控制账户的进度计划和成本预算。

需要注意的是，为了开展基于上述控制账户的绩效管控，需要在财务系统中增加项目控制账户对 WBS 第 4～5 层级工作包和规划包的编码，以便将财务系统中记录的成本发生归集到相应的控制账户。但本书作者在对我国航空研制单位的财务系统进行调研时发现，修改系统存在较大的难度。因此，建议在现有的财务系统外增加"成本模型"辅助转化系统，其采用 WBS 编码将属于一个控制账户工作包的成本发生映射到对应的绩效控制账户。WBS/OBS 交集与绩效控制账户如图 4-3 所示。

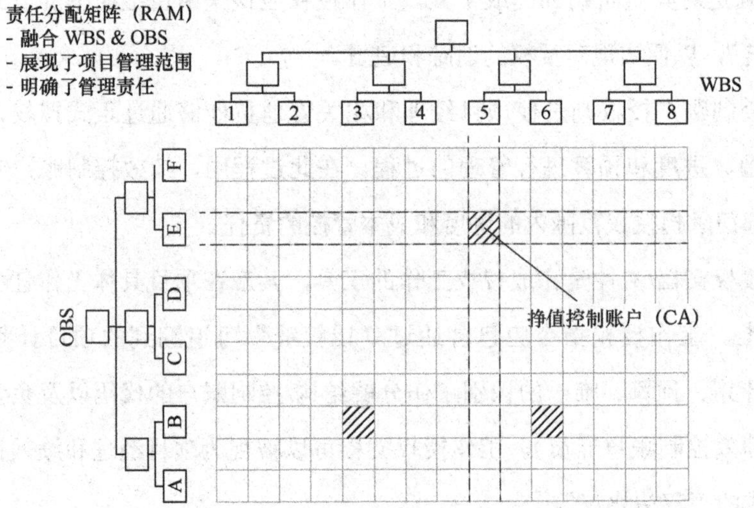

图 4-3　WBS/OBS 交集与绩效控制账户

通常，对于控制账户的执行时间长短或成本费用大小并没有非常严格的限制。但是，如果控制账户的执行时间太长或者成本太大，那么应将其拆分为多个控制账户。这些控制账户拆分的断点应与项目可交付最终产品或开发阶段的完成逻辑相关联。例如，可以将断点设置在项目关键设计评审点或者组装/测试点等。

绩效控制账户的设置需要特别注意以下几点：首先，需要确定绩效控制账户执行期内分时段的预算。在完成对绩效控制账户的设置后，管理者可以将多个控制账户的绩效数据纵向（自下而上）汇总到 WBS 更高层级的任务要素上，也可横向（组织分解结构）汇总到某个任务部门中。其次，绩效控制账户内应有明确的工作包以及这些工作包需要的成本要素，如设计研究人员、实验平台设备、其他直接成本等。

4.4 绩效控制账户授权

绩效控制账户授权是项目绩效集成管控体系的关键步骤。在此项工作开始前，需通过工作授权确定在该绩效控制账户内需要完成的工作任务、负责该工作的研制业务部门、工作完成标准、工作完成期限以及完成这些工作的预算。工作授权过程可采用授权文档/文件的方式，将授权的工作细分为可管理的工作包（WP）和规划包（PP），并确定对其负责的部门或个人。工作授权应该采用自上而下的方式形成完整的"授权链"，以便实现对授权的追踪和追责。

绩效控制账户授权则是使项目经理和相关管理员能够通过正式授权，来对控制账户的范围、进度和预算进行管理的过程。在此过程中，绩效控制账户专员所在的研制业务部门承担授权范围内的进度和成本管控的责任。

工作授权文档/文件是完成授权工作的工具，其应在项目具体工作任务开始前得到充分批准。工作授权指令应包含通过"授权链"可追溯到的项目计划的工作范围、进度计划、预算、唯一的识别工作分解结构/控制账户的代码以及负责管理工作的人员（绩效控制账户专员）。工作授权文档可以被视为项目经理和绩效控制账户专员之间达成的"双边协议"。

绩效控制账户专员通过将分配的工作范围完全定义为较低级别的工作包（近期任务）和规划包（远期任务）来继续工作授权的过程。工作包和规划包会根据完成控制账户所包含的工作以及所需的资源进行时间分段和成本预算。当绩效控制账户专员完成了控制账户的进度与成本计划时，需要与最初分配到控制账户的工作范围、进度和预算进行对照检查，以避免存在明显的差异。绩效控制账户专员需要在整个执行期中对控制账户的范围、进度或预算的任何变更进行有效的监控，并负责将变更情况记录到日志文档中。

第五章　进度计划与状态监测

进度计划与状态监测是航空研制项目管理中不可或缺的关键环节，也是本书介绍的管控体系的核心组成部分。在航空研制项目中，时间往往是最宝贵且不可逆的资源，对进度快慢的把控直接关系到项目的成败。有效的进度计划能够帮助项目管理人员合理安排各项工作，优化资源配置；而及时准确的状态监测则能够帮助项目管理人员快速识别潜在的问题，为管理决策提供依据。因此，建立科学的进度计划与状态监测体系是确保航空研制项目按期完成的重要保障。

在航空项目研制过程中，进度计划的制定需要考虑项目的复杂性和不确定性。它不仅涉及各个子系统和部件的研发进度，还需要协调外部协助厂商、供应链、试验验证等多个环节。一个优秀的进度计划应当既有总体框架，又有详细的里程碑节点；既要保证灵活性以应对可能的变化，又要维持足够的稳定性以确保项目的连续性。状态监测则是进度管控的"眼睛"。通过定期的数据收集、分析和报告，项目团队可以利用先进的项目管理工具和技术，如挣值管理和关键路径法等，实时掌握项目的进展情况，识别进度偏差和潜在风险，以便及时做出正确决策，进而确保项目能按期完成。此外，进度计划和状态监测和其他项目管理领域也密切相关。例如，进度计划需要与资源分配和成本预算相协调，而进度状态又会影响质量控制和风险管理策略。因此，进度管理应当被视为一个综合性的过程，需要与整体的项目管理策略保持一致。

5.1　进度计划制定与状态更新概述

美国 NASA 在《EVM 系统说明》[27]中展示了如图 5-1 所示的进度计划制定流程，而进度计划制定与更新具体步骤，分别对应表 5-1 和表 5-2。需要注意的是，为了更有效地制定进度计划流程，步骤 2.01 到步骤 2.06 是一个迭代过程。此外，不同类型的研制项目需要不同层级的任务和里程碑细节，以便更精细地管理项目。因

• 49 •

此，建议在流程的早期阶段设立一个决策点。在此决策点，项目经理应确定任务的相互关系以及相应的 WBS 层级，并在这个层级上识别和监控项目的关键路径。而进度计划流程中的"综合主进度计划状态和更新"部分则提供了关于更新和维护项目基线计划的关键步骤。

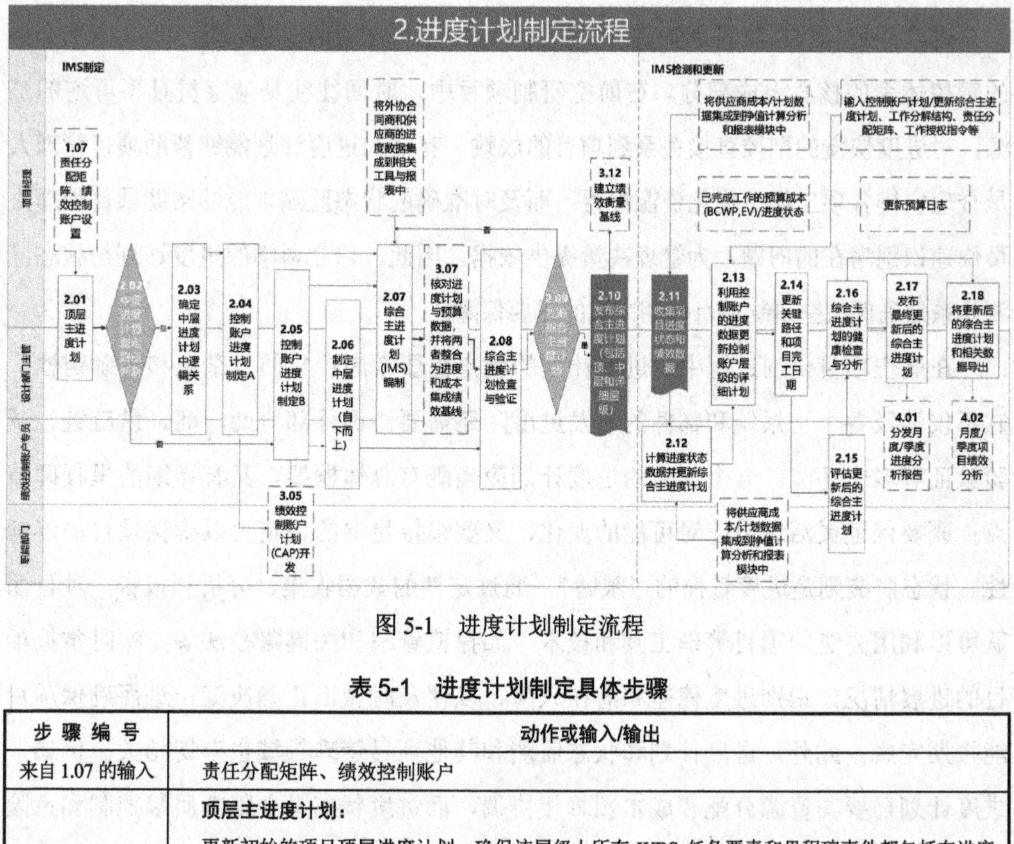

图 5-1 进度计划制定流程

表 5-1 进度计划制定具体步骤

步 骤 编 号	动作或输入/输出
来自 1.07 的输入	责任分配矩阵、绩效控制账户
2.01	**顶层主进度计划：** 更新初始的项目顶层进度计划，确保该层级上所有 WBS 任务要素和里程碑事件都包括在进度计划中，并制定了实施计划。为所有顶层进度计划的里程碑事件建立完成标准，以确保该计划可以在执行中反映出里程碑事件的进度状态和更新
2.02	**中层进度计划制定路径判断：** 根据绩效管控的层级需求，决策是否在中层进度计划中需要细化任务要素的搭接关系（任务之间的横向可追溯性）。如果决策结果是"是"，那么项目将继续执行步骤 2.03 和 2.04，并进一步将顶层主进度计划细化到中间层级，为所有任务要素和里程碑确定执行的相互搭接关系。如果决定是"否"，则跳转至步骤 2.05，直接细化顶层主进度计划到更详细的控制账户层级的进度计划中，并识别出该层级上所有任务要素和里程碑事件的相互依赖性（搭接关系）
2.03	**确定中层进度计划中的逻辑关系：** 细化顶层主进度计划到中间层级，为所有中层进度计划中的任务和里程碑确定执行顺序的逻辑依赖关系。确保该层级上对应的 WBS 任务要素和控制账户被包括在该层级的进度计划中，并制定了实施计划。同时要确保为这些任务要素和控制账户工作设置了完成日期限制

· 50 ·

第五章　进度计划与状态监测

（续表）

步　骤　编　号	动作或输入/输出
2.04	**控制账户进度计划制定 A：** 细化中层进度计划到控制账户和工作包层级的进度计划。确保该层级所有的 WBS 任务要素、控制账户和里程碑都被包括在进度计划中，并制定了实施计划。确保该计划可以在执行中反映出该层级实时的进度状态和更新，明确了对控制账户进度绩效的测量与评估方法工具
输出至 3.05	绩效控制账户计划（CAP）开发
2.05	**控制账户进度计划制定 B：** 细化顶层进度计划到控制账户和工作包层级的进度计划。确保该层级所有的 WBS 任务要素、控制账户和里程碑都被包括在进度计划中，并制定了实施计划。确保该计划可以在执行中反映出该层级实时的进度状态和更新，明确了对控制账户进度和成本绩效的测量与评估方法工具
输出至 3.05	绩效控制账户计划（CAP）开发
2.06	**制定中层进度计划（自下而上）：** 基于 2.05 步骤中制定的账户控制和工作包层级的进度计划，利用任务要素的 WBS 编码纵向关系，自下而上汇总编制中层进度计划，确保该计划可以在执行中反映出该层级实时的进度状态和更新
—	将外协合同商和供应商的进度数据集成到计划工具与报表中
2.07	**综合主进度计划（IMS）编制：** 将控制账户和工作包层级的进度计划通过控制账户和里程碑事件的相互依赖关系整合形成一个完整的项目综合主进度计划
输出至 3.07	核对进度计划与预算数据，并将两者整合为进度和成本集成绩效基线
2.08	**综合主进度计划检查与验证：** 从纵向和横向两个维度检查综合主进度计划的可追溯性，验证重要的项目里程碑、关键路径，并进行进度风险评估；检查和验证综合主进度计划的正确性，具体包括：前任和后继相互搭接关系的合理性、任务要素和里程碑内容、任务要素持续时间、任务要素日历表安排、完成日期限制、有无不完整和/或错误的任务进度、控制账户内容的有效性、中层进度计划的有效性以及进度风险评估
2.09	**批准综合主进度计划：** 根据上一步检查和验证的结果，决策是否批准综合主进度计划，其中包含所有控制账户进度计划和合同商/分包商进度计划。如果获得批准，那么综合主进度计划将被确立为项目工作量和预算分配的时间阶段基线。如果未获得批准，那么将返回到步骤 2.07 以解决所有进度计划问题
2.10	**发布综合主进度计划（包括顶、中层和详细层级）：** 发布已批准的综合主进度计划，并将其作为项目进度管理基线，用于绩效测量基准的时间分段和绩效测量的基准
输出至 3.12	建立绩效衡量基线

表 5-2　进度计划更新具体步骤

步　骤　编　号	动作或输入/输出
—	已完成工作的预算成本（BCWP，EV）/进度状态
—	将供应商成本/计划数据集成到挣值计算分析和报表模块中
2.11	**收集项目进度状态和绩效数据：** 按照月度或季度的频率，由项目任务要素执行部门和人员报告任务进展情况并对下一报告期的进度进行预测。将收集到的任务要素进度数据汇总集成为项目综合主进度的状态信息

（续表）

步骤编号	动作或输入/输出
—	将供应商成本/计划数据集成到挣值计算分析和报表模块中
2.12	**计算进度状态数据并更新综合主进度计划：** 进度状态数据的更新包括：任务要素和里程碑事件的实际开始/实际完成、预测完成日期、实际完成日期、剩余活动持续时间、完成百分比等。利用进度状态数据更新综合主进度计划（包括：未开工任务要素的持续时间、相互依赖的变化、新工作范围的增加、日期约束的变化、任务前后关系的变化等）
—	输入控制账户计划/更新综合主进度计划、工作分解结构、责任分配矩阵、工作授权指令等
—	更新预算日志
2.13	**利用控制账户的进度数据更新控制账户层级的详细进度计划：** 利用控制账户的进度数据更新控制账户层级的详细计划，并输入到挣值计算分析和报表模块。将控制账户层级所有更新合并到综合主进度计划中并验证更新的准确性和完整性。
2.14	**更新关键路径和项目完工日期：** 利用更新后的综合主进度计划，计算更新项目关键路径及其他进度参数，重新预测项目整体的完工日期
2.15	**评估更新后的综合主进度计划：** 利用更新后的综合主进度计划评估和分析项目进度状态对未来项目完工日期的影响，具体包括：验证更新后的主要关键路径；检查非关键路径上任务的松弛时间是否小于实现设定的阈值；分析对外部合同商进度的影响；分析项目绩效管理数据并识别潜在的问题
2.16	**综合主进度计划的健康检查与分析：** 验证综合主进度计划的更改是否可接受，并且评估和分析更新后的综合主进度计划的相关参数数据。具体包括：前继和后继任务要素相互搭接关系的验证、检查是否有错误的任务进度、对未开展任务要素计划开始日期的检查、评估进度风险。综合主进度计划分析则包括验证关键路径内容、分析迄今为止的工作绩效、分析资源需求和影响
2.17	**发布最终更新后的综合主进度计划：** 在获得更新批准后，向项目团队和利益相关者发布并提供更新的综合主进度计划，并制作分发必要的进度报告
输出至 4.01	分发月度/季度进度分析报告
2.18	**将更新后的综合主进度计划和相关数据导出** 将更新后的综合主进度计划和相关数据导出到挣值管理成本工具模块
输出至 4.02	月度/季度项目绩效分析

5.2　进度计划制定

项目管理的核心在于围绕时间轴合理安排和利用空间、人员及其他资源，以实现项目的预期目标，因此项目进度计划尤为重要。项目进度计划需要明确指出何时需要完成哪些工作以及完成每项工作所需的时间，从而确保项目能在规定时间内完成。

在项目工作分解的基础上，制定项目进度计划，包括以下步骤：

- 估算项目活动的工期，即估算理想条件下完成各项活动所需的工时；

- 安排项目活动的顺序、分析各活动之间的逻辑关系、安排各活动的起止时间，最终形成初步理想化的项目进度计划；

- 以可视化方式表达项目进度计划，并根据项目管理的需要，在项目工作分解结构的不同层级上制定不同详细程度的进度计划。

其中，第一、二个步骤涉及的理论内容已在 2.1.2 节中进行了详细介绍。

5.2.1 不同层级进度计划

在确定项目活动关系后，可以编制项目进度计划。基于工作分解结构，分解层级越深，工作内容越详细。因此，可以在不同层级上制定进度计划，最终形成多个层级的项目进度计划。

顶层进度计划：顶层进度计划覆盖了整个项目生命周期，按上层的工作要求分解结构元素或集成主计划（Integrated Master Plan，IMP）组织。它贯穿于项目的所有阶段，包括概念研究、技术开发、初步设计、最终设计与制造、系统总装、集成与测试及运营阶段等。该计划至少应反映重要的总体级活动、项目和合同规定的里程碑事件、主要决策点、明显的进度余量以及满足项目里程碑所需的检查点。顶层进度计划还应描述项目任务要素、系统/子系统摘要及项目主要里程碑的信息。从分层规划角度看，顶层进度计划是一个总体级的进度计划，提供了对项目任务要素和/或里程碑的可追溯性。

中间层级进度计划：在实现纵向可追溯性时，需将顶层进度计划细化到包含必要逻辑连接的任务要素细节，形成中间层级进度计划，也称为项目主要进度计划或第二级进度计划。中间层级进度计划包括里程碑和概要任务，例如表示系统或组件细节的单个任务或类似任务（如测试或设计）的单个任务。此进度计划能按顺序反映任务的逻辑关系。中间层级进度计划还可以与详细的控制账户进度计划中的详细任务进行关联，以准确反映所有进度层级的状态和时间阶段。中层进度表应确保包含该层级所有的工作分解结构任务要素，并制定了实施计划，同时为这些任务要素和控制账户设置了完成日期限制。

综合主进度计划：项目综合主进度计划是使用关键路径法构建的，包括所有工作分解结构中任务要素的逻辑网络。通过整合所有控制账户层级的详细的进度计划和主要的合同商/分包商进度计划形成项目综合主进度计划。在整合过程中，需要设置控制账户层级的接口点，并在接口上建立必要的逻辑搭接关系。综合主进度计划可以视为通过任务要素的 WBS 编码进行联系的一个多维度数据库，允许保存绩效测量基线和当前实际进度的数据集以及对未来进度进行估计的数据集。综合主进度计划包含必要的结构和编码，以支持创建更高层级的汇总计划，进而实现从高层项目数据到综合主进度计划低层的自上而下的可追溯性。综合主进度计划基线是按时间阶段进行资源规划的基础。计划进度和对未来的估计是"完工尚需成本估算（ETC）"和"完工总成本估算（EAC）"的基础。

项目综合主进度计划的制定是在项目工作分解结构、组织分解结构、责任分配矩阵和顶层进度计划完成之后开始的。综合主进度计划应使用主要的合同或管理控制里程碑作为基础进行制定，为每个控制账户计划所需的详细工作包、规划包和对应的里程碑，并包括这些工作包之间的逻辑依赖关系以及对其他控制账户中工作包的相互依赖关系。综合主进度计划还应包括外协合同商和其他合作供应商制定的进度计划数据。

5.2.2 进度计划评估

1. 进度计划评估的概念

进度计划评估是在特定检查时点确认工作任务进展和绩效的过程。在建立综合主进度计划基准之前，应始终采用经过验证的技术进行评估。即使基准已经建立，也应定期进行评估，以确保计划提供持续有效的进度基准数据，进而支持项目目标在整个生命周期内的实现。进度计划分析是一个必要的过程，用于评估基线并分析当前项目进度与计划之间的差异、影响和重要性。当主进度计划更新后，分析应从重新识别关键路径和评估项目完成日期开始。通过评估综合主进度计划的进度绩效指标可以了解项目进度的健康状况，然后进行深入分析。

2. 进度计划评估技术

综合主进度计划评估和分析技术在进度计划制定期间和完成后应该是一致的。下面介绍在整个项目生命周期中常规的进度计划评估和分析技术：

1）进度计划逻辑可信度检查

通过监测综合主进度计划中的关键指标来检查进度计划中活动的前后逻辑依赖关系的可信度。这些关键指标包括丢失的紧前紧后任务数量、过多和无效的固定任务约束、任务状态遗漏、未来任务的不确定状态、过度和无效的紧前紧后关系以及不正确或不适当的任务相互依赖关系等，它们反映了进度计划结构的优劣。这些指标基于关键路径法的逻辑网络开发标准规则进行进度计划检查。通过定期识别和评估这些指标，可以检查项目综合主进度计划的质量和有效性。

2）项目关键路径识别和分析

在实施阶段，项目关键路径可能会变得非常灵活。识别关键路径对于进行关键路径管理并做出准确的资源和劳动力决策，确保成功完成项目至关重要。关键路径识别和分析是对主要关键路径及次要路径中涉及的计划任务、持续时间和关系类型的有效性进行持续评审的过程。通常，可以通过调整持续时间和逻辑关系来缩短关键路径，而关键路径可以通过计算总浮动量最少的任务序列来识别。在综合主进度计划的每个更新周期后，都应识别关键路径并与之前的结果进行比较，分析差异，了解变更原因，并判断是否需要采取措施。

3）进度计划风险评估

在项目制定期间及整个实施生命周期中，进行进度计划风险评估至关重要。通常，推荐使用具有随机抽样功能的概率风险评估工具进行评估，例如网络评审计划技术（Program Evaluation and Review Technique，PERT）。进度计划风险评估的分析结果提供了两个重要的管理意义：首先，它能使管理人员对综合主进度计划中的进度数据进行有效洞察；其次，这些结果有助于确定计划中的进度余量，从而判断项目管理储备和未分配费用的充足性。

4）进度计划基线更新

在项目生命周期中，进度计划可能会发生变更，因为它是所执行工作的动态记录。大多数变更会被记录在当前计划中，而无须更改基准计划。基线进度控制是管理基线进度数据和对基线内容进行必要更改的规范过程。变更应被清楚地识别、评估、记录和批准。对于仅反映当前计划的变更，例如简单的任务序列重新排序，可以通过项目办公室建立的流程非正式地记录并传达给项目团队成员、职能管理人员

• 55 •

和其他利益相关者。

5）进度计划状态检测

为了支持项目成本和进度的绩效管理要求，综合主进度计划需要进行更新，以捕捉工作的实际进展并预测未来计划。进度计划状态检测过程应包括对逻辑网络要素的更新，例如任务要素相互依赖性的修改、添加或删除进度约束和对任务持续时间的更改等。绩效控制账户专员负责记录当前计划中截至状态日期的绩效信息。通过定期评估和报告工作包和里程碑的状态与完成情况，可以分析其对当前计划的影响，并对工作流程在逻辑上的变化进行总结。

5.3 进度状态监测

5.3.1 进度绩效设置

工作包是对控制账户的进一步细分，包含短时间跨度和明确定义的工作活动内容，其可以被详细地计划和安排。工作包应遵循软硬件设计、部件委托制造、装配等面向过程的方法并能够支持或管理功能的开发周期。工作包进度绩效（工作量）的设置应遵循以下规范：

- **明确定义工作包**：通常包括多个计划活动、可交付成果和里程碑，以便详细描述工作包。在可能的情况下，尽量体现所有活动和里程碑之间的相互依赖关系。

- **明确时间框架**：工作包应有明确的开始和结束日期、持续时间和完成标准。

- **活动持续时间估计**：持续时间是完成活动所需的预期"工作时间"长度，通常取决于投入的资源数量和适用于活动的工作日期。活动持续时间估计还应考虑相关的不确定性因素。

- **预算计算**：对于人工费预算来说，可以按工时和工时单价进行计算；对于采购成品、外协分包合同和其他直接成本来说，可以按费用金额进行计算。

- **相互依赖的搭接关系**：通过在工作包的详细活动和里程碑级别建立相互依赖的搭接关系，与详细的工程、制造、运营、分包或其他进度计划进行集成。

- **选择合适的绩效测量方法**：根据工作类型、持续时间和工作包的其他特征选择恰当的工作包绩效测量方法和技术。

5.3.2 进度状态测量

控制账户专员应根据工作包的持续时间、价值和性质，为每个工作包选择适当的完成工作量测量方法。工作包和规划包会被分配数字标识符，并在综合主进度计划的详细级别或成本管理工具中接受适当的绩效测量技术分配。在整个资源规划和绩效测量过程中会使用这些标识符和技术，提供范围、进度、预算和绩效数据的集成和可追溯性。工作包进度执行产生的绩效数据可以定期通过月度或季度报告提供给项目工作分解结构的任何级别。

借鉴美国 NASA 对航空研制项目的挣值管理方法，并结合我国航空研制单位的实践，通常将项目的工作包分为以下三种类型：

- **独立型**：具有特定的最终产品或最终结果（例如可测量的里程碑或产品）。
- **依附型**：不生产特定产品，但与独立型活动直接相关的工作（即时间阶段预算和挣值与它所支持的独立型活动成正比）。
- **支持型**：没有最终可衡量结果的工作（例如管理、持续工程、联络、协调或其他支持活动）。

对于这三类工作包的已完成工作量，可采用工作包对应的预算成本来进行测量。具体方法如下：

1）独立型工作包测量方法

对于独立型工作包，可以根据工作包的时长来测量已完成工作量的预算成本。以下是常用的方法：

方法一：0%～100%的技术

如图 5-2 所示，0%～100%的技术适用于在一个绩效报告周期内（如 1 个月或 1 个季度）开始并完成的工作包，或者是购买成品的预定交货时间在一个绩效报告周期内。该技术在工作包开始时，不记录任何已完成工作的预算成本；当工作包完成后，获得计划工作的全部预算成本（BCWS，即计划价值 PV）。其适用于能够确保在一个周期内完成的短期任务。

• 57 •

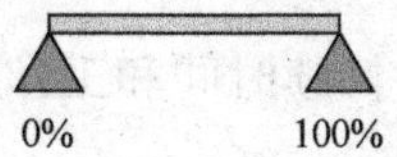

0%～100%的方法：
· 工作包在一个绩效报告周期内
· 开始时得0%挣值，完成时获得100%挣值

图 5-2　0%～100%的技术例图

方法二：X%～Y%的技术

如图 5-3 所示，X%～Y%的技术适用于工作包持续时间不超过两个绩效报告周期的情况。该技术在工作包开始时可以"挣得"X%的计划工作预算成本，当工作包完成时"挣得"剩余的 Y%。实际操作中，常设为 50%～50%。

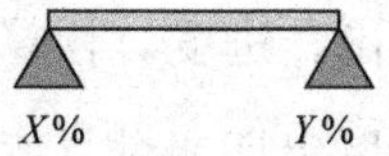

X%～Y%的方法：
· 工作包在两个绩效报告周期内
· 开始时获得X%挣值，完成时获得Y%挣值

图 5-3　X%～Y%的技术例图

方法三：加权里程碑技术

如图 5-4 所示，加权里程碑技术适用于工作包持续时间长于两个报告周期的情况。该技术在工作包中识别和设立加权里程碑，每个报告期间尽量设置一个。里程碑的权重值应与完成工作所需的资源数量相关，所有里程碑的预算之和应等于工作包的批准预算。

加权里程碑方法：
· 工作包持续时间长于两个报告周期
· 识别和设立加权里程碑
· 建议每个报告期间尽量设置一个加权里程碑。没有加权里程碑，则不会获得"挣值"
· 里程碑的权重值总和应等于100%，并且应与完成工作所需的资源数量有关

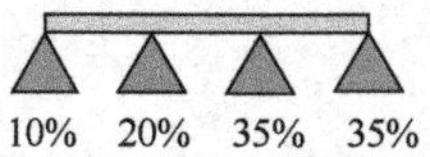

图 5-4　加权里程碑技术例图

方法四：标准百分比完成技术

如图 5-5 所示，标准百分比完成技术适用于执行周期长于两个报告周期的工作包。绩效控制账户专员采用客观指标评估每个报告期内工作包完成的百分比，并按比例计算挣值。该方法可用于人力成本的工作包持续时间不超过 4 个月，材料或其他直接成本不超过 6 个月的情况。

标准百分比完成方法：
· 工作包执行周期长于两个报告周期，但建议不要超过四个报告周期
· 每个报告期间宣布的实际挣值应基于预先确定的可量化备份数据

图 5-5　标准百分比完成技术例图

2）依附型工作包已完成工作量的测量方法

依附型工作包的预算值与其所依附工作包的预算成比例。同理，依附型工作包

的挣值也与其所依附工作包的预算成比例。其适用于无法使用独立工作包绩效测量方法的情况。

3）支持型工作包已完成工作量的测量方法

支持型工作包与辅助性任务和管理活动相关，通常在项目的整个生命周期内持续进行，但没有可衡量的可交付成果。已完成工作的预算成本自动按持续时间的比例函数进行计算，其始终等于计划工作的预算成本。

上述这些方法提供了针对不同类型工作包在项目管理上的有效测量手段，进而确保了项目进度和预算的准确性和可追溯性。

第六章 成本计划与状态监测

项目成本计划与状态监测是航空研制项目管理的关键环节，也是本书所讲的管控体系的重要组成部分。在航空研制工作中，成本控制直接影响项目的经济效益和航空研制产品的市场竞争力。有效的成本计划能够合理分配资金资源，优化投资结构，而准确及时的成本监测则能够迅速发现偏差，为管理决策提供依据。因此，科学的成本计划与监测体系是确保航空研制项目经济性的重要保障。

在航空项目研制过程中，成本计划需要考虑项目的长期性、复杂性和不确定性。它不仅涉及研发、生产和试验等各个阶段的直接成本，还需要考虑管理费用、融资成本等间接支出。一个优秀的成本计划应当既有总体预算框架，又有详细的成本分解结构；既要保证灵活性以应对市场和技术变化，又要维持足够的稳定性以确保项目的财务可控性。成本监测则是成本管控的"晴雨表"。通过定期的数据收集、分析和报告，项目团队能够实时掌握项目的财务状况，以便识别成本超支和潜在风险。现代化的财务管理系统和先进的项目管理工具，如挣值管理、参数估算法和成本模型等，为成本监测提供了有力支持。及时、准确的成本信息不仅有助于项目经理做出正确的财务决策，而且能够提高资金使用效率和项目整体收益。此外，成本计划与监测和其他项目管理领域密切相关。例如，成本计划需要与进度安排和质量要求相协调，而成本状态又会影响资源分配和风险应对策略。因此，成本管理应当被视为一个综合性的过程，需要与整体的项目管理策略保持一致，以实现项目的多重目标。

6.1 成本基线制定与状态监测流程概述

美国 NASA 在《EVM 系统说明》[27]中给出了项目成本基线与状态监测流程图。该图可分为工作/预算授权流程（如图 6-1 所示）和会计成本流程（如图 6-2 所示）。具体步骤见表 6-1。

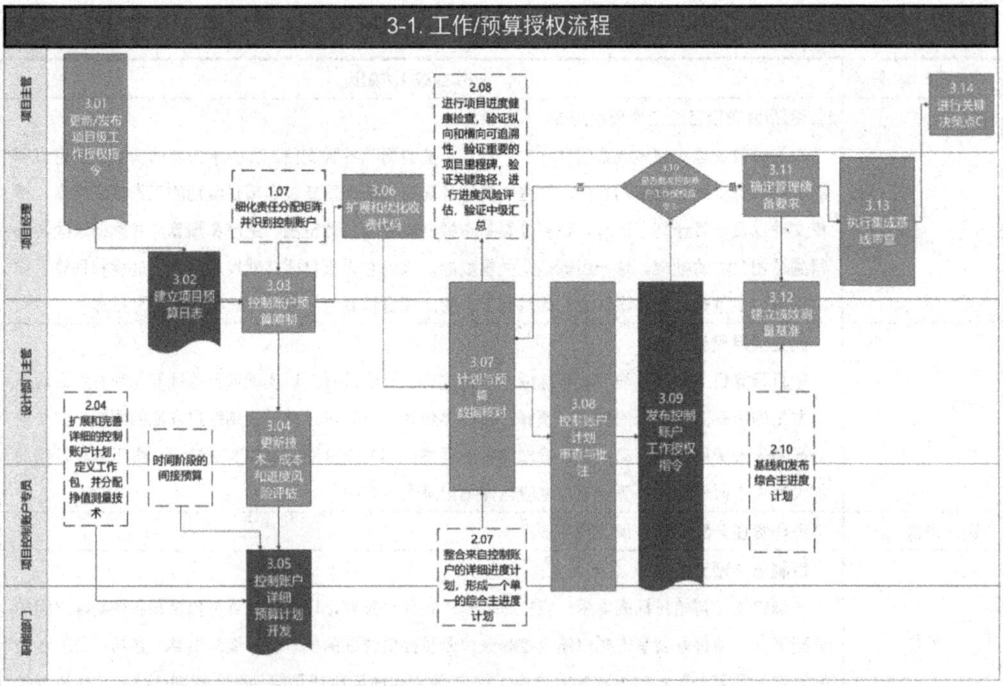

3-1. 工作/预算授权流程

图 6-1　工作/预算授权流程

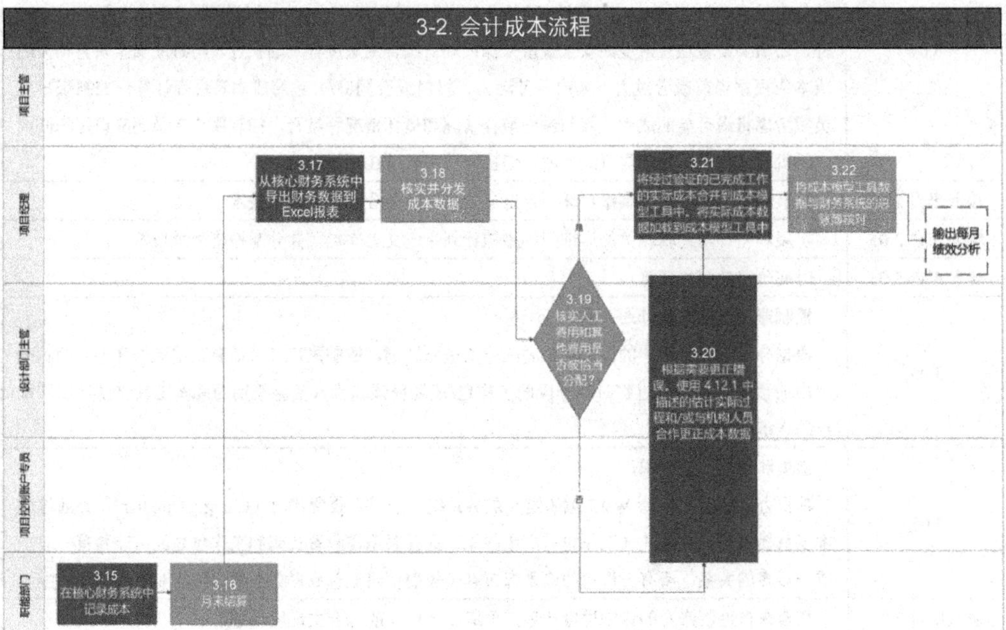

3-2. 会计成本流程

图 6-2　会计成本流程

·61·

航空研制项目进度与成本数智化管控理论和方法

表 6-1　项目成本基线与状态监测具体步骤

步　骤　编　号	动作或输入/输出
3.01	**更新/发布项目级工作授权指令：** 在为绩效管理实施做准备的过程中，项目可能会面临各种变更，如技术内容的调整、交付日期的变动或资金配置方案的修改。这些变更往往需要更新或重新发布项目级别的工作授权指令、授权文件以及项目计划。同时，还需要重新审视并确认项目的范围、进度和预算，并确保这些调整得到了相关方的批准。这一步骤是至关重要的，因为它为项目团队就授权范围、进度和预算达成共识奠定了基础。项目团队会在此基础上，制定项目预算计划，并建立相应的预算日志
3.02	**建立项目预算日志：** 项目预算日志的建立与项目目标成本的确定可以同步进行，以实现项目总预算和项目生命周期内发生的所有变更的可追溯性。预算日志具体包括：（1）可以向各控制账户分配的预算；（2）未分配的未来费用及其变动；（3）管理储备的调整；（4）未分配预算的变更情况。由于项目范围的扩大或缩小而引起的预算变更，也应当详细记录在日志中
输入来自 1.07	细化责任分配矩阵并识别控制账户
3.03	**控制账户预算编制：** 在确定项目初始目标成本后，应立即创建控制账户预算，以明确项目总预算在各控制账户间的分配情况。项目办公室需要向绩效控制账户专员提供详细的成本预算编制指导，包括：（1）各控制账户的预算分配；（2）控制账户内工作包/规划包时间阶段预算的基本规则；（3）工作授权指令；（4）预算目标；（5）控制账户级别的工作范围和进度要求
3.04	**更新技术、成本和进度风险评估：** 绩效控制账户专员根据技术风险、进度余量和成本不确定性为各自的控制账户制定/更新风险评估。技术风险包括：（1）风险识别；（2）缓解发生概率；（3）缓解发生成本的计划措施。此外，还需要设置项目进度的安全余量来保证项目综合主进度计划的执行。与进度安全余量相关的成本应根据当前或者过去一年内的劳动力、材料或合同商/分包商成本等进行计算。控制账户专员应考虑将最可能的成本估算与进度最佳情况和最坏情况相结合。控制账户专员还应识别降低成本的机会。机会的处理与风险类似，但机会代表着潜在积极影响
输入来自 2.04	扩展和完善详细的控制账户计划，定义工作包，并分配挣值测量技术
输入来自 2.05	扩展和完善与逻辑相关的详细纠偏措施计划，定义工作包，并分配挣值测量技术
输入来自 5.03	时间阶段的间接预算
3.05	**控制账户详细预算计划开发：** 根据分配给控制账户的预算和控制账户的进度计划，控制账户专员需要制定更加详细的控制账户内的预算计划，通过将时间分段的工作包/规划包预算输入资源级别的成本工具来创建控制账户的详细预算计划
3.06	**扩展和优化收费代码：** 项目办公室需要借助 WBS 编码定义财务系统中的成本收费代码（Charge Number），并通过成本工具模块与控制账户（工作包）产生联系。这种联系在收费代码和工作包之间可能具有一对一或一对多的关系。所有工作包的成本都应基于收费代码汇总到财务系统记录的对应成本发生中
输入来自 2.07	整合来自控制账户的详细进度计划，形成一个单一的综合主进度计划
3.07	**进度计划与预算数据核对：** 需要将控制账户详细的工作包/规划包的进度计划与详细的分时间段的预算计划集成并保持数据的一致性。这个迭代过程在所有级别都是必要的，以确保进度和预算在项目级别完全集成

· 62 ·

第六章　成本计划与状态监测

（续表）

步 骤 编 号	动作或输入/输出
输出到 2.08	进行项目进度健康检查，验证纵向和横向可追溯性，验证重要的项目里程碑，验证关键路径，进行进度风险评估
3.08	**控制账户计划审查与批注：** 与控制账户专员协调控制账户的进度和预算基准后，由项目经理和研究设计部主管审查和批准控制账户的计划
3.09	**发布控制账户工作授权指令：** 根据项目经理和绩效控制账户专员之间就合同商授权的工作范围的谈判结果，按照需要更新和发布所有控制账户的工作授权指令
3.10	**是否批准控制账户工作授权指令：** 如果是，继续执行 3.11。项目经理和绩效控制账户专员在工作授权指令上的签名构成对范围、进度表和预算的正式协议的批准，以执行步骤 3.01 中授权的工作 如果否，返回 3.07。在项目经理和绩效控制账户专员之间无法最终确定控制账户的工作授权指令的情况下，将重复计划/预算协调和谈判
3.11	**确定管理储备：** 项目管理储备要求是根据覆盖风险、进度准备金或利润以及成本不确定性所需的综合成本确定的。此项工作的分析基础是流程步骤 3.04 中进行的风险评估以及流程步骤 3.08 中控制账户协商的最终结果。随着项目团队管理工作的开展，需要定期重新评估和修订管理储备金要求
输入来自 2.10	发布基线和综合主进度计划（包括主、中级和详细级别）
3.12	**建立绩效测量基准：** 批准的工作授权指令；已批准/签署的控制账户计划；在成本工具中按时间分段载入的工作包/规划包预算；加载在进度工具中的基线综合主进度计划；建立管理储备和未分配预算；从项目目标成本估算到批准预算的所有变化都记录在项目预算日志中，以便追溯。工作范围、预算和进度计划的完全整合构成了绩效测量基准
3.13	**执行集成基线审查：** 应进行集成基线评审，以确保项目工作与其成本、进度和风险进行正确关联，并确保管理流程到位以进行项目级挣值管理
3.14	**进行关键决策点 C**
3.15	**在核心财务系统中记录成本：** 随着交易的发生，记录项目成本发生
3.16	**月末结算：** 在每个月末，执行月末结算程序，以结算该月项目相关费用发生
3.17	从核心财务系统中导出财务数据到 Excel 报表
3.18	**核实并分发成本数据：** 核实并将已完成工作的实际成本数据分发给绩效控制账户专员
3.19	核实人工费用和其他费用是否被恰当分配
3.20	根据需要更正错误使用 4.12.1 中描述的估计实际过程和/或与机构人员合作更正成本数据
3.21	将经过验证的已完成工作的实际成本合并到成本模型工具中，并将实际成本数据加载到成本模型工具中
3.22	将成本模型工具中的数据与财务系统的总账簿进行核对
输出到 5.02	每月成本绩效分析

6.2 成本基线制定

6.2.1 控制账户成本计划

控制账户成本计划流程从项目初步计划的发布开始，到控制账户成本基线的批准结束。这个过程不仅整合了工作范围、进度和预算，还为工作分解结构中更低层级的工作包提供了详细计划。

在控制账户层级，控制账户专员以工作包和规划包为单位估算资源需求量及单价。工作包所需资源按照重要成本要素进行分类规划。通过将分类后的资源计划输入挣值管理工具，生成初始的控制账户完工预算（Budget at Completion，BAC）。控制账户完工预算确定了控制账户内分配的工作所需达到的成本目标。控制账户的预算计划应基于工作包的进度安排，并在控制账户开始执行前分阶段进行规划。控制账户各阶段预算的总和应等于控制账户的 BAC，且控制账户预算总和不应超出项目总预算。建议遵循以下规范进行预算规划：

- 预算是对控制账户所对应工作范围的相关成本经过协商后的估算，可以通过分配资源（如工时）数量和资源单价来进行计算，也可以直接估算金额。
- 控制账户内所有工作包和规划包预算的总和应等于控制账户总预算。
- 规划包通常应在计划工作开始前三到六个月转换为一个或多个工作包，最迟必须在工作开始前完成转换。
- 分配给所有控制账户的预算总额应等于项目预算减去管理储备金和未分配预算的金额。
- 项目预算应与项目计划的工作范围和被批准的项目进度计划相结合。
- 计划执行工作的预算成本通常按控制账户内的成本要素进行划分。

在控制账户内的工作包和规划包层级上，控制账户专员应对近期执行的工作包进行详细计划，而对包含较少细节的远期规划包进行概要规划。所有工作包和规划包的预算总和应等于控制账户的预算总额。控制账户可以通过为每个成本要素分配资源代码，对直接人工、直接采购和其他直接成本进行单独标识。内部和外部采购预算由采购订单合同进行支持或由合同商/分包商提供的分时间段估算进行支持。如果控制账户的工作范围包括 12 个月内要完成的工作包，那么控制账户的计划应按

12 个月进行制定。如果无法将超过 12 个月的长期工作设置为独立工作包，那么需要在规划包中计划该工作。工作包和规划包始终要按成本要素进行计划。

为了进行控制账户绩效状态监测，所有控制账户都应按照以下原则报告工作进展：

- 控制账户专员应每月报告该期间工作包的进展情况以及该期间已计划但未完成工作的情况。
- 恰当选择第五章中介绍的工作包绩效测量技术，以实际完成工作的预算成本表示绩效（挣值）。
- 当控制账户专员更新计划时，需要重新估算计划工作的预算成本。
- 计划工作的预算成本的累计值应不超过工作包的完工估算。
- 支持型工作包已完成工作的预算成本始终等于计划工作的预算成本。

6.2.2 预算基线

预算基线是根据项目进度计划按时间阶段为 WBS 中的相关任务要素建立的。分配给任何特定任务要素的总预算称为完工预算。如果在工作范围没有变化的情况下发生了成本增加，那么必须修改完工预算。通常可以使用滚动更新方式，随着项目各阶段的推进，滚动制定未来一段时间范围内的详细预算基线。需要注意的是，在研制单位的年度计划中，需要考虑已签外协合同的应付成本，研制单位的项目管理系统中应配置能够支持合同应付成本的计划和报告。同时，在项目合同签订后的一定工作日内开始执行绩效管理报表工作。项目管理团队应将预算基线作为绩效管理中的预算计划，并作为基线变更的参考。对于项目管理部门来说，重要的是要能够将项目的总预算分解至 WBS 的组成部分，从而确保只有属于控制账户的那些组成部分才可以列入控制账户的绩效管理报表。

6.3 成本状态监测

6.3.1 财务系统的扩展

为了准确及时地归集项目的实际成本数据，可以在研制单位的财务系统中增加相应的子系统和模块。具体内容包括：

- 核心财务系统作为总分类账级别的所有会计成本数据的中央存储库。
- 元数据管理系统包含 WBS 基础要素的相关信息，并将其提供给核心财务系统和合同管理等其他子系统。
- 人事考勤系统提供参与项目的人员考勤工时数据。
- 人事薪资系统提供薪资数据，包括参与项目的人员的工资和整体工资分配情况。
- 人力资源指派系统维护投入项目的人员工时信息。
- 差旅系统用于跟踪差旅记录、费用和报销。
- 采购合同管理系统能够生成电子采购申请、采购订单及请求货物和服务的分包合同。
- 成本数据转换系统使用来自核心财务系统和其他子系统的数据，并将其转化为可用于挣值分析的成本数据。

6.3.2 成本数据的收集与记录

1. 直接成本

直接人工成本数据主要包括从人事考勤和薪资系统中导出的研究人员的工时费用以及从差旅系统导出的研究人员的差旅费用。其他直接成本主要包括相关材料和成品、设备/工具工时和消耗品以及外协服务的费用等。其他直接成本记录在财务系统应付账款模块中。直接材料和服务作为实际成本计入适当的项目 WBS 编号（即控制账户）。应计成本记录在采购合同管理系统中。主要采购成本通常包含上个月的实际成本和当月的预期成本。

2. 间接成本

对于间接成本来说，应首先建立间接预算，由项目管理人员将任何间接或合同服务成本纳入绩效测量基准进行预算。间接预算也应基于项目的 WBS 进行制定，并包含在分时间段的控制账户预算中；然后，记录间接成本，同时收集实际间接成本并将其分配给项目相应的工作任务；最后，分析和评估由间接成本引起的差异。控制账户专员需要对超过阈值的绩效偏差进行分析并确定原因。如果偏差的一部分或者全部由间接成本引起,那么控制账户专员需进一步确定原因和纠正措施。

6.3.3 基于 WBS 的成本归集

在挣值管理工具中,WBS 的低级别工作任务编号最多只能有一个上级工作任务编号。这种编码模式应尽量与组织分解结构保持一致。成本累计从 WBS 的最低级别工作任务开始,然后通过 WBS 的层级关系逐层向上汇总,直至更高级别。WBS 中更高级别的工作任务应对应组织分解结构中独立的业务部门或研究室,以便于成本的责权划分。核心财务系统和挣值管理工具中的 WBS 通常应保持一致。如果项目结构中有多个属于同一控制账户的核心财务系统 WBS 收费代码,那么可将其映射到相应的账户。此映射过程通常在成本数据转换系统中进行,而非在核心财务系统内进行。需注意,在实际操作中,不能将一个核心财务系统的收费代码映射到多个控制账户。

6.3.4 基于控制账户的成本归集

成本数据归集到控制账户的基础是确定了支出项。支出项是核心财务系统数据库中的单个成本记录。每个支出项包括:(1)WBS 编号,(2)执行工作任务的部门,(3)成本要素,(4)相关日期信息,(5)各种其他会计、项目、组织标识符和属性。其中,关于前三项的具体描述如下:

- WBS 编号:财务系统中的 WBS 编号是从 WBS 元数据管理系统加载到核心财务系统的。在此层级结构中,控制账户是与授权工作相关的所有成本的收集点。WBS 编号标识了支出项记录中的成本发生所对应的项目 WBS 工作任务。在本书中,术语"控制账户"和"WBS 编码"有时可以互换使用,但在会计层面,"控制账户"指代收集成本的 WBS 要素;而在挣值管理系统中,"控制账户"有时等同于"记账控制账户"。
- 执行工作任务的部门:在核心财务系统中,执行工作任务的部门称为"成本中心"。控制账户可汇集围绕同一个任务执行部门产生的成本。
- 成本要素:成本要素将项目成本分类为预定义的成本类别。在核心财务系统中，使用挣值管理层次表示可用的成本类别元素，主要包括人力成本、差旅成本、材料成本、设备成本、合同成本、支持服务成本、其他成本、间接费用以及一般和管理费用等。

6.3.5 成本数据转换系统

通常，从成本数据转换系统中提取挣值管理成本工具所需的控制账户实际发生的成本数据，这些数据可分为以下两类：

- 人工成本数据：包含 WBS 编码、组织代码（成本中心）、会计期间、工时数、工时成本、应付账款。
- 非人工成本数据：包含 WBS 编码、组织代码（成本中心）、资源数据、会计期间、成本、应付账款。其中，资源数据又包含了各类型的成本要素。

6.3.6 成本数据对账

在每月末或季度末，将实际成本从核心财务系统导出到挣值管理工具中。项目管理人员应对实际成本进行对账，同时记录项目的每次对账结果并存档。

第七章　进度与成本状态分析与预测

本章是关于航空研制项目进度与成本状态分析与预测的内容，强调了在航空项目管理中进度与成本绩效的紧密联系。项目的进度绩效不仅影响成本的支出，而且直接关系到项目的交付时间和市场响应能力。通过对项目进度状态的准确跟踪与分析，管理团队能够及时识别造成延误的因素，并采取相应措施进行调整，从而降低成本超支的风险。同时，成本绩效分析能够为项目的持续改进提供数据支持，进而帮助团队优化资源配置并提升效率。

通过对进度与成本数据的分析和模型的运用，使项目管理者可以进一步预测项目未来的成本趋势和进度进展。这种预测结果不仅有助于制定合理的资金使用计划，而且能够为风险管理提供重要依据。结合本书第三部分将要介绍的仿真工具和机器学习技术，管理团队可以在不同阶段做出科学决策，以应对外部环境的不确定性和变化。科学的进度与成本状态分析，提升了项目的管理效率，进而确保了航空研制项目的顺利推进。

7.1　进度与成本状态分析

7.1.1　状态分析报告

进度与成本状态分析是基于挣值理论对项目进度与成本的绩效状态数据进行全面分析、评估和反馈的过程。该过程所形成的分析报告不仅可以帮助研制单位各级管理人员和发起人提前发现项目是否有明显的偏离计划基线的情况，而且还有助于对超出阈值的偏差制定科学合理的纠偏措施。月度绩效报告是项目进度状态分析的核心组成部分。它通过比较以下三个挣值指标，全面反映项目的健康状

·69·

况。具体操作为，通过对已完成工作的预算成本、计划工作的预算成本和已完成工作的实际成本这三个指标进行两两比较，计算得出项目整体和绩效控制账户的进度偏差和成本差异，并与事先确定的偏差阈值进行比较，以判断是否需要启动纠偏措施。

当项目管理团队发现控制账户的进度或/和成本绩效偏差超过阈值时，需要控制账户专员准备一份偏差分析书面报告，说明偏差产生的原因、影响以及准备采取的纠偏措施。偏差分析报告的编制应遵循以下规范：

- 为项目管理团队和发起人提供有意义的成本和进度绩效数据，以便及时做出管理决策。
- 控制账户层面的偏差分析应尽可能详细，尽量包含人力、物料、采购、差旅和其他直接费用方面的偏差等内容。
- 确定计划完成工作和实际完成工作之间的显著偏差。
- 控制账户层级的相关绩效指标（包括计划工作的预算成本、已完成工作的预算成本、已完成工作的实际成本、完工预算和完工估算）和相关偏差需要通过研制单位职能组织结构中的业务部门和项目 WBS 两个维度汇总到项目管理团队，以便用于项目不同层级的绩效分析与汇报。
- 对于显著的进度和成本偏差，应分析其原因和影响，并为当前和累计到目前的偏差制定纠偏措施。
- 项目管理团队应至少每月评审一次重大的成本和进度偏差。

通过遵循上述规范，项目管理团队可以更有效地监控和管理项目进度与成本，以便及时发现问题并采取适当的纠偏措施，从而提高项目的整体绩效。

7.1.2 状态分析流程

美国 NASA 在《EVM 系统说明》[27]中给出了如图 7-1 所示的进度与成本综合绩效分析流程。具体步骤见表 7-1。

· 70 ·

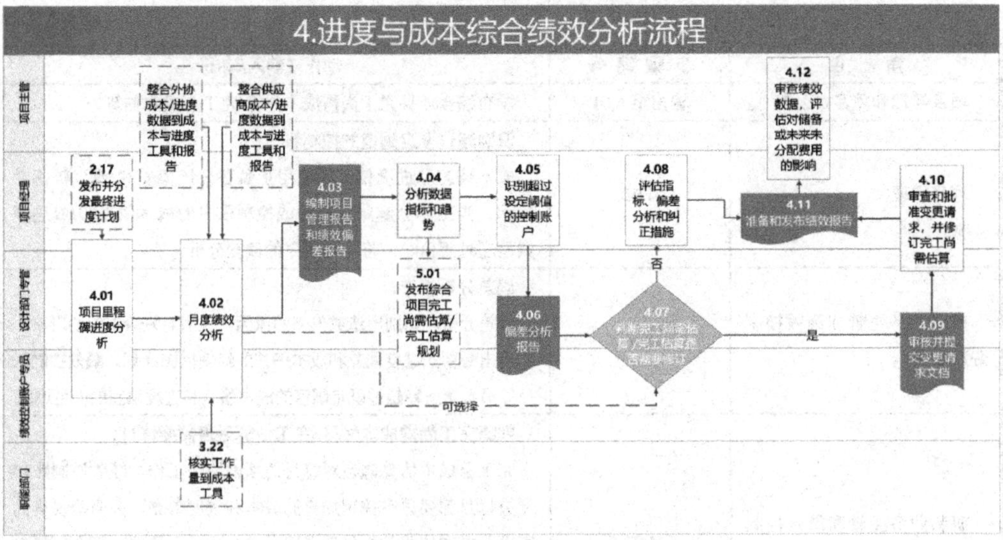

第七章 进度与成本状态分析与预测

4.进度与成本综合绩效分析流程

图 7-1 进度与成本综合绩效分析流程

表 7-1 进度与成本综合绩效分析具体步骤

角 色	步 骤 编 号	动作或输入/输出
项目经理	来自 2.17 的输入	发布并分发最终进度计划
项目主管、项目经理、研制业务主管、研制业务计划员	4.01	**项目里程碑进度分析：** 将项目的进度数据，包括关键路径分析、进度指标、进度完整性评估等，用于对项目里程碑完成情况的分析。同时，还应识别并分析与项目范围、进度、成本和技术相关的潜在风险
项目经理和项目主管	\	将外协合同商/分包商或供应商的成本/进度数据整合到成本与进度工具和报告中
项目经理和项目主管	\	将供应商成本/进度数据整合到成本与进度工具和报告中
职能部门和绩效控制账户专员	来自 3.22 的输入	核实工作量并整合到成本工具中
项目经理、研制业务主管以及项目控制账户管理员	4.02	**月度绩效分析：** 在项目、子项目和控制账户级别汇总项目挣值管理指标，并按成本元素提供当前、累计到目前以及在完成时间点的成本分析结果。这些数据揭示了偏差的本质，并构成了制定相应管理措施的基础
项目经理、项目办公室、研制业务主管	4.03	**编制项目管理报告和绩效偏差报告：** 利用进度计划状态和每月实际成本生成初步的绩效度量数据，供项目办公室、项目经理、研究研制业务主管、计划员和项目控制账户管理员使用，以便支持分析和管理决策
项目经理	4.04	**分析数据指标和趋势：** 分析相关挣值指标数据，评估项目绩效趋势并预测完工成本。此项分析的目的是提前预警绩效的不利趋势。该分析包括但不限于完工估算趋势分析、预测完工成本、劳动力趋势分析、项目计划关键路径分析、进度储备评估和风险/储备分析

· 71 ·

（续表）

角　色	步　骤　编　号	动作或输入/输出
项目经理和项目办公室	输出至 6.01	发布综合项目完工尚需成本估算/完工总成本估算
项目经理	4.05	**识别超过设定阈值的控制账户：** 成本偏差和进度偏差阈值用正负百分比偏差和/或金额偏差表示。当工作分解结构活动或控制账户的成本偏差和/或进度偏差超过阈值时，将执行所需的偏差分析
研制业务主管和绩效控制账户专员	4.06	**偏差分析报告：** 偏差分析应识别出造成偏差的原因，说明对剩余工作的影响，并提出必要的进度偏差和成本偏差的纠偏措施计划。绩效控制账户专员负责解释超过既定阈值的成本偏差和进度偏差的产生原因
研制业务主管和绩效控制账户专员	4.07	**判断完工尚需成本估算/完工估算是否需要修订：** 完工总成本估算源自对每月的绩效监督工作。绩效控制账户专员每月都要评审控制账户的成本和进度数据，并明确现有的完工总成本估算是否仍然准确有效。如果不准确，那么需要生成新的分时阶段的完工尚需成本估算，并提交给项目管理部门以获得批准。绩效控制账户专员在评估中需要考虑过去的绩效和剩余的工作量
项目经理	4.08	**评估指标、偏差分析和纠正措施：** 评审项目挣值管理指标和偏差分析，并监控已批准的偏差分析报告中确定的纠偏措施，直至得到解决方案
研制业务主管和绩效控制账户专员	4.09	**审核并提交变更请求文档：** 为了获得新的完工总成本估算的批准，在将完工总成本估算纳入集成成本管理报告系统数据库之前，需要由绩效控制账户专员提交一份变更请求（或同等文件），并获得合理的评审和批准。当控制账户专员意识到完工总成本估算明显不准确时，就需要填写此变更请求。子项目/要素管理者需要在提交给项目经理之前，对完工总成本估算的任何更改进行审核
项目经理和研制业务主管	4.10	**审查和批准变更请求，并修订完工尚需估算：** 当修改后的完工尚需成本估算获得批准后，项目办公室将新的完工尚需成本估算纳入综合成本管理报告系统。修改后的完工尚需成本估算整合到已完成的变更请求中，并支持成本计算文件，即可完成合并。一旦得到批准，应把新的完工尚需成本估算纳入项目的成本管理报告系统中
项目经理	4.11	准备和发布绩效报告
项目主管和项目经理	4.12	**评审绩效数据，评估对储备或未来未分配费用的影响：** 评审绩效数据、趋势、风险和预测数据以及项目完工总成本估算，以确定对项目储备或未来未分配开支的所有影响

7.1.3　状态分析步骤

为了确保项目控制账户的进度与成本得到有效管理，建议采用以下系统化的分析步骤：

1. 制定科学的偏差阈值

偏差阈值的设置是完成进度与成本分析的基础。这一任务通常由控制账户级别的项目管理人员负责完成。在设置阈值时，需要考虑以下几点：

- 表达方式：阈值可以用正负百分比偏差和/或具体的货币金额来表示。这种灵活的表达方式能够适应不同类型和规模的项目任务。

- 风险容忍度：阈值的大小应当能够反映项目管理团队对相应工作任务的风险承受能力。高风险或关键路径上的任务可能需要更严格的阈值。

- 触发机制：当控制账户的成本偏差和/或进度偏差超过预设阈值时，将自动触发偏差分析流程，这一过程确保了问题能够及时被识别和处理。

- 多维度考量：如表 7-2 所示，偏差阈值的使用应考虑三个时间维度，即当前期间、项目累计至今以及项目完成时的预测。这种多维度的分析有助于全面把握项目状况。

表 7-2　绩效偏差阈值使用

时 间 维 度	说　明	用　途
当前期间的偏差	反映最近一个报告期的绩效	识别短期波动和即时问题
累计至今偏差	从项目开始到当前的总体表现	评估长期趋势和整体健康状况
预测完工偏差	基于当前数据对项目完成时的预测	预警潜在的重大偏差，支持战略决策

通过设置合理的偏差阈值，能够帮助项目管理团队建立一个敏感且有效的预警系统。这不仅有助于及时发现问题，还能为后续的分析和决策提供清晰的触发点。在实际操作中，项目管理人员可能需要根据项目的进展和外部环境的变化，定期审查和调整这些阈值。这种动态管理方法能够确保偏差分析始终聚焦于最关键的问题，进而提高项目管理的效率和有效性。接下来的步骤将详细介绍如何基于这些阈值进行深入的偏差分析以及如何制定和实施相应的纠正措施。通过这种系统化的方法，项目团队可以更好地控制进度和成本，从而提高项目成功的概率。

2. 编制绩效偏差报告

绩效偏差报告是项目管理报告体系中的核心组成部分，通常以月度为单位进行编制。这些报告不仅反映了项目的当前状态，还为更高层级的决策提供了重要依据。图 7-2 展示了一个项目集成绩效偏差报告，其为工作分解结构的更高层级的绩效偏差分析提供了基础数据。项目集成绩效偏差报告通常在控制账户级别生成，这一层级既能提供足够的细节，又不会陷入过于琐碎的信息中。这些报告为比工作分解结构更高层级的绩效偏差分析提供了基础数据，从而确保了对整个项目的分析具有一致性和可追溯性。该报告的主要使用者是绩效控制账户专员，他们将利用这些详细数据编制更加深入的偏差分析报告。

项目集成绩效偏差报告							
控制账户名称　　WBS 编码							
检查时点	计划	挣值	实际	进度偏差 SV(金额)	进度偏差 SPI (%)	成本偏差 CV(金额)	成本偏差 CPT (%)
当前值Cur							
积累值Cum							
完成时	BAC	EAC	VAC (金额)	VAC (%)	TCPI to BAC	TCPI to EAC	
当期进度偏差（Cur SV）解释/问题描述： 影响：							
累计进度偏差（Cum SV）解释/问题描述： 影响：							
当期成本偏差（Cur CV）解释/问题描述： 影响：							
累计成本偏差（Cum CV）解释/问题描述： 影响：							
完工偏差解释/问题描述：（VAC） 影响：							

图 7-2　项目集成绩效偏差报告

绩效偏差报告的编制流程如下：

- 数据收集：从项目管理信息系统中提取最新的进度和成本数据。
- 计算关键指标：基于收集的数据，计算进度偏差、成本偏差、进度绩效指数和成本绩效指数等关键指标。

- 比较分析：将计算得出的指标与预设的偏差阈值进行比较，识别出需要特别关注的领域。

- 原因分析：对于超出阈值的偏差，进行深入的原因分析，进而了解偏差产生的根本原因。

- 制定纠正措施：基于分析结果，提出具体的纠正措施建议。

- 报告撰写：将所有信息整合成如图 7-2 所示的结构化报告，从而确保信息的清晰性和可操作性。

- 审核与分发：报告经过相关负责人审核后，分发给项目团队和利益相关者。

通过系统化的绩效偏差报告的编制过程，项目团队可以及时掌握项目的健康状况，快速识别潜在问题，并采取必要的纠正措施。这不仅提高了项目管理的效率，而且为持续改进提供了坚实的数据基础。

为了确保使用挣值管理数据来管理项目，项目管理的评审重点应该放在对数据的内部使用上。对于超出阈值的控制账户，控制账户专员应进行偏差影响分析，并以此准备完整的偏差分析报告。此外，项目团队还可以对进度和成本偏差的未来发展趋势进行预测，趋势数据最好以可视化图形的方式来展示。为了快速获取趋势预测数据，建议采用挣值理论中的分析工具，并通过仿真软件来进行预测，从而实现对复杂项目的预防式管控。在下一步中，我们将讨论如何利用这些报告进行更深入的偏差分析以及如何将分析结果转化为有效的项目管理决策。

3. 绩效偏差分析

在每个月结束时，控制账户专员都应制作绩效偏差分析报告，以提醒项目管理人员注意项目中存在的超出阈值的情况。绩效偏差分析报告一般由控制账户专员所在的业务部门主管进行审核批准，然后提交给项目管理部门。

绩效偏差分析报告应能够清楚地解释每个显著偏差产生的根本原因，指出对剩余工作（控制账户内部或外部）的影响，并根据要求为进度和成本偏差制定纠偏措施计划。控制账户专员需要负责解释超过阈值的成本和进度偏差产生的原因，因此应该深入分析超出阈值的控制账户造成偏差的成本要素，包括直接劳动时间、其他直接成本和直接物料成本等。通常，劳动力偏差可以被分解为速率和效率偏差，物料偏差可以被分解为价格和使用率/数量偏差。绩效控制账户专员还应分析计划工作的相关指标是否发生偏离，并在偏差分析报告中输入对偏差的解释和描述。当分析表明成本偏差产生或增加时，控制账户专员就应重新评估完工估算。如果不能纠正偏差对完工估算的影响，那么控制账户专员必须评估需要更改的完工尚需成本估算/完工总成本估算。

4. 项目管理评审

在每月的项目管理评审中，项目管理团队负责评审各个控制账户在进度与成本方面的绩效偏差，而项目主管领导负责评审所有重大偏差，包括影响、纠正措施和从以前报告期间开始的纠正措施。

5. 纠正措施监管

项目经理和控制账户专员负责监管已批准的偏差分析报告中确定的纠正措施，直至解决。

6. 汇总与偏差监管

除了控制账户级别的偏差分析和报告，项目 WBS 更高层级的成本和进度绩效偏差应由项目经理进行分析与监管。根据需要，通过在子系统或系统级别每月分发汇总报告来完成绩效数据的收集与偏差分析。通过这些报告，项目经理应能够掌握项目整体的进度与成本绩效偏差情况，并在必要时向研制单位的更高管理层申请获得偏差纠正措施的授权或者协助更高管理层分析项目整体偏差并制定相应措施。

为了更好地理解这个过程，我们可以用如图 7-3 所示的流程来进行说明。

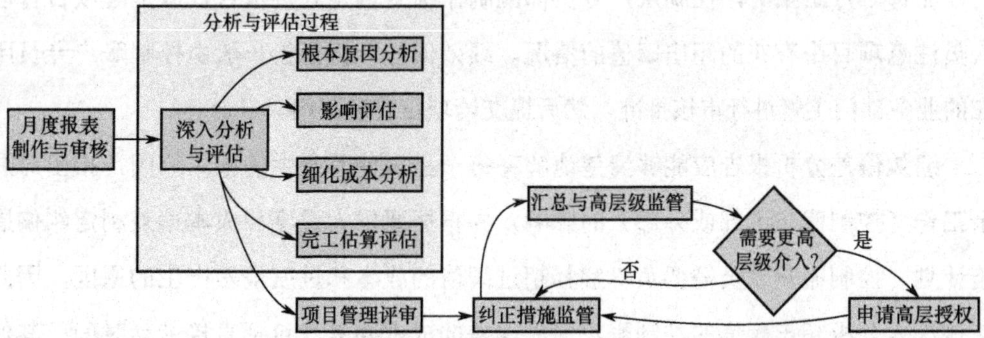

图 7-3　项目绩效偏差分析流程

7.2 进度与成本状态预测

7.2.1 进度与成本状态预测流程

进度与成本状态的预测主要依靠挣值理论中的完工成本估算的思想与方法。完工估算是通过将已完成工作的实际成本加上对当前正在执行但未完成工作和剩余计划开展工作成本的预测估计得来的。综合完工估算流程如图 7-4 所示，具体步骤见表 7-3。

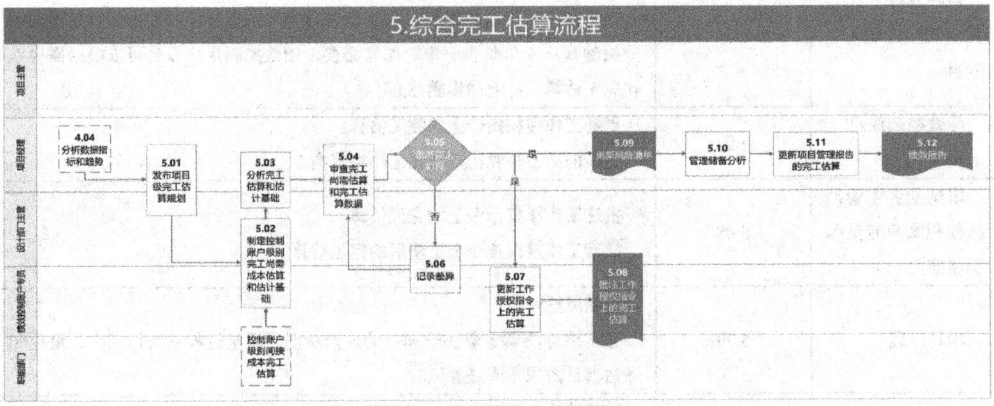

图 7-4　综合完工估算流程

表 7-3　综合完工估算具体步骤

角　色	步骤编号	动作或输入/输出
项目经理 研制业务主管	5.01	**发布项目级完工估算规划：** 　规划应明确要求至少每年为整个项目进行全面的完工估算更新，以支持项目计划管理的滚动更新。同时，当项目计划发生重大变化，例如优先级变化、部分终止等，导致当前完工估算无效时，也应立即进行项目完工估算更新。规划内容包括（但不限于）项目定义、机会/风险识别、成本估算说明等
职能部门 绩效控制账户专员	—	**控制账户级别间接成本完工估算：** 　利用完工尚需成本估算费率建立控制账户级别的间接成本的完工总成本估算
研制业务主管 绩效控制账户专员	5.02	**制定控制账户级别完工尚需成本估算和估计基础：** 　绩效控制账户专员为控制账户内的剩余工作准备分阶段的成本估算。全面的完工估算应基于迄今为止报告的绩效、对未来绩效的预测、材料和合同/分包任务成本的估计、当前的间接费用率和预期的管理改进以及外部经济环境变化趋势等

· 77 ·

（续表）

角色	步骤编号	动作或输入/输出
项目经理 研制业务主管	5.03	**分析完工估算和估计基础：** 评审和批准整个项目的完工估算，包括外协合同商/分包商的完工估算，以确定包括外协合同商在内的整个项目的历史数据相关的合理性。应使用预测的完工估算公式来证实完工估算的有效性
项目经理 研制业务主管	5.04	**评审完工尚需估算和完工估算数据：** 分析所有生成的报表和完工估算的异常情况，以确保数据能准确反映项目级和控制账户级的完工估算
项目经理	5.05	**批准完工估算：** 项目经理批准完工估算，或因故拒绝。如果是，那么转到 5.07 和 5.09；否则转至 5.06
研制业务主管 绩效控制账户专员	5.06	**记录差异：** 关于完工估算合并的差异都记录在方差分析报告中，并由项目经理和绩效控制账户专员负责评审。如有必要，绩效控制账户专员可以根据需要迭代完工估算，并返回步骤 5.04
绩效控制账户专员	5.07	**更新工作授权指令上的完工估算：** 更新的完工估算应反映在工作授权指令上
研制业务主管绩效控制账户专员和职能部门	5.08	**批注工作授权指令上的完工估算：** 批准工作授权指令上更新后的完工估算
项目经理	5.09	**更新风险清单：** 完工估算的确定取决于项目的风险状况。风险过程系统地识别、量化和评估项目的成本或进度风险
项目经理	5.10	**管理储备金分析：** 在整个项目期间，项目经理需要了解项目在可用管理储备金方面的情况。不足和超支会影响项目的完工估算，但不会影响对基准完工时的预算。在纳入预算变更后，项目使用概率风险清单评估剩余的管理储备金，以减轻未来项目风险。深入分析揭示了储备金的使用率与退休风险的关系。这种类型的分析揭示了剩余的管理储备金是否足以完成项目
项目经理	5.11	**更新项目管理报告的完工估算：** 如果项目管理团队认为项目成本与原计划不同，那么准备更新的完工估算并将其交付给发起人。集成项目管理报告中提供了更新的完工估算。新的完工估算可能有助于制定项目、计划、预算和执行流程所需的预算（资金）提交
项目经理	5.12	**绩效报告：** 项目管理报告支持项目的月度报告需求。项目管理报告可以为工作分解结构的任何级别准备，并展示项目管理的概要级别绩效，例如子项目、要素和总项目绩效报告

7.2.2 完工估算

完工估算是指预计完成项目全部工作范围（或控制账户）内的任务所需的总成

本。它由已完成工作的实际成本，当前进行中但未完成的工作的成本估算以及剩余计划工作的成本估算组成。需要注意的是，完工估算与完工预算是有区别的，即完工估算可能高于或低于完工预算。完工预算代表执行工作的计划值或预算值，而完工估算则反映执行该工作的实际或预期成本。

在项目启动时，完工估算通常与完工预算相等，即 EAC=BAC。随着项目推进，完工估算可通过以下公式表示：完工估算 = 已完成工作实际费用 + 完工尚需成本估算，即 EAC = ACWP + ETC。其中，完工尚需成本估算常常与完工估算混淆，完工尚需成本估算通常指完成项目或控制账户剩余工作预计需要的成本。进行完工估算应遵循以下规范：

- 根据当前绩效和对未来情况的预测来修订完工估算，特别是针对出现显著偏差的控制账户或可能影响资金需求的已知成本变化。

- 将控制账户层面的完工估算汇总到项目整体层面，并与当前绩效测量基准的 BAC 进行对比，用于计算完工差异。

- 完工估算应在变更请求获得批准后再进行修订。

- 项目经理通过分析控制账户的完工估算，在项目管理报告中汇报完工估算的最佳情况、最坏情况和最有可能的情况。

- 无论是项目层面还是控制账户层面，只要完工估算不准确，就应该及时更新。实践中，其更新模式通常分为全面完工估算和常规完工估算两种。

7.2.3 控制账户完工估算类型

对于控制账户的完工估算包括全面完工估算和常规完工估算两类。

- 全面完工估算：当一个或多个控制账户出现重大成本偏差时，项目管理人员需要对剩余未完成工作的成本重新进行全面预测。所有绩效控制账户都需要重新计算完工尚需成本（ETC）和最终完工估算（EAC）。项目执行期间应每年至少进行一次全面完工估算，其具体更新频率取决于初始成本估算的质量和后续修订的情况。

- 常规完工估算：当某个控制账户出现较为明显的完工差异时，绩效控制账户专员需要为该账户的未完成工作制定新的成本估算，更新其完工尚需成本，但无须更新项目其他控制账户的完工估算。这种方法通常适用于成本偏差不严重或与其他控制账户关联度较低的情况。

7.2.4 全面完工估算

除年度周期性检查更新以外，是否启动全面完工估算还应根据控制账户级别以及 WBS 更高层的成本偏差程度来判断。通常，有两种主要方法可以用来评估是否需要进行全面完工估算。

第一种方法是将迄今为止的成本效率的累计成本绩效指数（CPI）与完成绩效指数（To-Complete Performance Index，TCPI）进行比较。其中完成绩效指数的计算公式为：

完成绩效指数=（完工预算−已完成工作的预算成本）/（完工估算−已完成工作的实际成本），即 TCPI =（BAC−BCWP）/（EAC−ACWP）。

当|CPI − TCPI| > 10%时，可以启动全面完工估算。如果 CPI 大于 1，那么 TCPI 一定小于 1，表明目前的费用执行效率较好，未来发生超预算的概率不大；如果 CPI 小于 1，那么 TCPI 一定大于 1，表明目前的费用执行效率偏差，未来发生超出预算的概率较大。

第二种方法是使用绩效因子计算完工独立估算（Independent Estimates At Completion，IEAC），其计算公式为：

完工独立估算=绩效因子×（完工预算−已完成工作的预算成本）+已完成工作的实际成本，即 IEAC = PF×（BAC−BCWP）+ACWP。

其中，绩效因子（PF）可以根据具体工作包的特征采用不同的方法计算而来。当完工独立估算与完工估算的差异大于项目管理层预先确定的风险阈值 γ 时，即 IEAC−EAC > γ，应启动全面完工估算。

这两种方法各有优缺点，其中，方法一从成本效率的角度分析偏差影响，方法二则通过设置不同的绩效因子来预测未来成本的发生速率。项目管理人员需要根据具体控制账户的特征和经验来选择合适的方法。关于方法二中的 8 种绩效因子的选择，如表 7-4 所示。

表 7-4　绩效因子选择方法

编　号	计　算　公　式	假　设　描　述
1	绩效因子 = 1	所有剩余工作将按照预算制定时的速率执行
2	绩效系数 = 1/成本绩效指数的累计值	所有剩余的工作都将以与目前已实现的效率或成本绩效指数相同的速率执行，其中成本绩效指数=已完成工作的预算成本/已完成工作的实际成本
3	绩效因子 = 1/成本绩效指数最后状态周期	所有剩余工作都将以与目前已实现的效率或成本绩效指数相同的速率执行
4	绩效因子 = 1/成本绩效指数过去 3 个状态周期	所有剩余工作都将以与当前和前两个时期相同的效率进行
5	绩效因子 = 1/成本绩效指数最近六个状态周期	所有剩余的工作都将以与当前和前五个时期相同的效率进行
6	用户自定义值	允许在生成新预测时输入绩效因子
7	绩效因子 = 1/((a×成本绩效指数) + (b×进度绩效指数))(其中，a + b = 1.0)	允许定义反映累计成本绩效指数和进度绩效指数的绩效因子，其中成本绩效指数和进度绩效指数的相对权重由用户定义。这种方法允许人们在计算绩效因子时指出成本和进度绩效的相对重要性
8	绩效因子 = 1/（成本绩效指数×进度绩效指数）（其中进度绩效指数 =已完成工作的预算成本/计划工作的预算成本）	允许基于累计成本绩效指数和累计进度绩效指数定义绩效因子

7.2.5　常规完工估算

将月度状态和实际成本加载到挣值成本工具后，应每月进行常规完工估算。在这种情况下，当月的预计成本费用将被替换为当月新加载的已完成工作的实际成本。这将导致每个月的完工估算都会发生变化，具体变化情况取决于当月已完成工作的实际成本与先前预测的成本之间的差异。

当控制账户专员认为当前完工估算不准确时，必须重新估算所有未完成工作的成本（即完工尚需成本估算），同时考虑以下因素：迄今为止的绩效、当前费率和因素以及其他已知可能影响剩余工作成本的因素。为使更新的完工估算获得批准，绩效控制账户专员需要提交变更请求，并附上修订后的工作授权指令和其他支持文档。

常规完工估算的开发流程如下：

● 在工作包级别基于绩效评估开发完工尚需成本估算；

● 将更新后的完工尚需成本估算与已完成工作的实际成本相结合，生成更新后的完工估算；

- 项目经理批准更新后的完工估算，并进一步计算出最佳、最差和最可能的完工估算情况；

- 将最可能的完工估算输入成本管理报告系统，并纳入月度报告向各级管理层汇报。

对于外协商的完工估算，控制账户专员需要考虑：合同项目的承诺值、外协商绩效报告中的数据和项目团队分析结果、对未来绩效的预测以及对外部经济趋势的判断。常规完工估算的开发流程包括以下活动：

- 评估研制业务部门的执行效率，并与剩余预算进行比较；

- 检查是否有任何假设发生变化；

- 更新进度预测结果，以便反映完成剩余工作的预期时间；

- 确保使用最新的直接和间接费率结构评估项目资源。

第三部分

智能管控模型与算法

第八章　项目进度与成本状态预测模型

本章首先介绍构建预测模型所使用的系统动力学模型和 AnyLogic 仿真软件。系统动力学模型通过反馈环和时间延迟的概念，帮助读者深入理解项目进度与成本之间的动态关系，而 AnyLogic 仿真软件则提供了直观的可视化界面，帮助用户构建和调整模型，以便进行多种情境下的仿真实验。然后详细地介绍如何利用存量—流量模型构建单个控制账户的进度与成本绩效预测模型以及由多个控制账户组成的项目整体进度与成本绩效预测模型。最后，我们将选取某航空研制项目作为数值案例，应用构建的预测模型进行分析。通过实际进度与成本数据的输入，模型将生成关于项目进度和成本绩效的详细预测结果。本章的分析结果将为第九章强化学习理论的应用奠定基础，并为项目管理实践提供参考。

8.1　系统动力学模型

系统动力学是一种抽象的建模方法，可以用于描述和分析复杂系统中各个组成部分之间的相互作用和反馈循环，能够帮助使用者理解系统的长期行为和战略性问题。在商业领域，它可以用来模拟和分析新市场策略的执行效果，而无须对每个客户的交互进行详细建模。在机械工程领域，系统动力学被用于详细的动力学分析，包括运动学和动力学分析、力和力矩分析、约束和连接分析等。这些分析可以帮助工程师优化机械设计、预测系统行为，并解决潜在的问题。系统动力学还可以用于分析复杂的耦合系统，分析研究对象涉及的物理场及其相互耦合关系，然后基于各物理场的基本定律和耦合关系建立相应的数学模型，进而有助于理解和优化工程领域的复杂系统。

从系统理论的角度来看，项目是为了实现一个把人员、设备、材料及设施组织起来并加以管理的系统，是一系列独特而又相互关联的任务，应该系统地考虑以便于有效利用资源。而系统动力学是一种结合了定性分析和定量分析的研究方法，对

· 84 ·

于研究非线性、复杂的系统结构具有很好的适配性。另外，项目的完成是一个动态的过程，系统动力学能很好地刻画项目实施的动态性，可以根据所研究的问题将仿真周期设置为年、月、日等，并将演化结果利用可视化的方式进行导出，以便于分析。因此，本章将基于系统动力学模型，构建单个控制账户和项目整体的进度与成本状态预测模型。

系统动力学模型的核心概念包括存量（Stocks，系统中累计的量，如人口、资金等）、流量（Flows，进入或离开存量的速率）、变量（Variable，表示系统中状态变化的量）、反馈循环（Feedback Loops，系统中的自我调节机制）、时间延迟（Time Delays，行动和结果之间的时间差）。建立系统动力学模型通常包括以下步骤：

- 确定系统边界和关键变量；
- 识别变量之间的因果关系；
- 建立存量流量图（Stock and Flow Diagram）；
- 定义数学方程；
- 设置参数和初始条件；
- 运行模型并分析结果。

关于系统动力学的详细介绍，读者可参考相关书籍资料。

8.2　AnyLogic 仿真软件

AnyLogic 是一款功能强大、易于使用且应用广泛的建模仿真工具，能够帮助用户快速构建用于复杂系统的仿真模型并进行深入的分析和优化。它以最新的复杂系统设计方法论为基础，是第一个将统一建模语言（Unified Modeling Language，UML）引入模型仿真领域的工具。AnyLogic 能支持混合状态机这种能有效描述离散和连续行为的语言，是可以创建真实动态模型的可视化工具。此外，AnyLogic 建模语言是对 UML-RT 的扩展，其提供了多种建模方法，包括基于 UML 语言的面向对象的建模方法、基于方图的流程图建模方法、Statecharts（状态机）等。AnyLogic 模型可以在支持 Java 的平台或 Web 页面上运行，其更多详细功能以及操作教程可以参考 AnyLogic 官网。

从核心功能和常用模块的角度来看，AnyLogic 的功能体系可以概括为以下三方

• 85 •

面，即基于智能体的建模、基于事件或消息的触发机制建模以及系统动力学建模。AnyLogic 软件在系统动力学建模中展现出独特的优势，主要体现在以下几方面。

首先，AnyLogic 支持对多种建模方法的集成，包括系统动力学、离散事件仿真和基于智能体建模等。这种多方法的集成能力使管理者能够在一个统一的环境中结合不同的建模方法，从而更全面地分析复杂系统的动态行为。这种灵活性对于处理具有多层次和多尺度特征的复杂系统尤为重要。其次，AnyLogic 提供了强大的可视化和交互功能，其直观的图形界面不仅简化了模型的构建过程，还使模型的结构和动态行为更容易被理解和分析。此外，AnyLogic 的交互式仿真功能允许用户在运行过程中调整参数和条件，从而能够实时观察系统的响应情况，这对于决策支持具有重要意义。再次，AnyLogic 具备良好的扩展性和兼容性，其支持 Java 编程语言，允许用户通过编写自定义代码来扩展模型功能。这种开放性使得用户可以根据特定需求进行深度定制。此外，AnyLogic 能够与其他软件和数据库实现无缝集成，便于数据的导入和结果的输出。最后，AnyLogic 的强大功能还体现在其广泛的应用领域上。无论是在供应链管理、交通运输、健康医疗，还是在环境科学和社会经济系统等领域，AnyLogic 都能提供高效的建模和仿真解决方案。这种广泛的适用性进一步增强了其在学术研究和实际应用中的价值。综上所述，AnyLogic 软件凭借其多方法集成、强大的可视化与交互功能、良好的扩展性以及广泛的应用领域等优点，为系统动力学建模提供了一个灵活而强大的工具。

8.3 控制账户绩效状态预测模型

本书运用系统动力学理论，基于 AnyLogic 软件构建了项目控制账户绩效预测模型。该模型利用系统动力学中的存量—流量结构以及动态变量和函数控制模块，并引入影响进度与成本的随机扰动因素，模拟分析了单个控制账户的进度推进与成本发生的随机过程。

8.3.1 理论模型构建

控制账户预测模型的构建以预算成本和计划工作量为起始，利用两者的比值形成了计划单位工作量预算值。以下是关于三个存量—流量模型构建过程的详细介绍。

第八章 项目进度与成本状态预测模型

1. 控制账户实际进度仿真模拟

采用存量—流量模型模拟控制账户内未完成工作量转换为实际完成工作量的过程，反映了控制账户在未来预测时间段内的进度执行情况。如图 8-1 所示，两个存量模块分别表示未完成工作量和预测完成工作量，流量模块模拟工作量从未完成工作量模块到实际完成工作量模块的流动速率，即预测的进度速率。在控制账户执行过程中，存在以下数学关系：

- 实际完成工作量=当前实际完成工作量+实际测进度速率×预测执行时间
- 未完成工作量=当前未完成工作量−实际进度速率×预测执行时间
- 实际进度速率=当前进度速率+进度速率扰动因子

其中，进度速率扰动因子用于模拟各种内外部随机因素对控制账户进度执行情况的干扰影响。

图 8-1　控制账户实际进度仿真存量—流量模型

2. 控制账户实际成本仿真模拟

同样采用存量—流量模型模拟控制账户剩余预算成本转化为实际成本发生的过程。如图 8-2 所示，两个存量模块分别表示剩余预算成本和实际发生成本，流量模块模拟成本从剩余预算成本模块到实际发生成本模块的流动速率，即实际成本发生速率。在控制账户执行过程中，存在以下数学关系：

- 实际发生成本=当前实际发生成本+实际成本发生速率×预测执行时间
- 剩余预算成本=当前剩余预算成本−实际成本发生速率×预测执行时间
- 实际成本发生速率=当前进度速率×实际单位工作量预算值+成本随机扰动因子

其中，实际单位工作量预算值是指控制账户在执行过程中完成单位进度所需的实际成本；成本随机扰动因子用于模拟各种内外部随机因素对控制账户实际成本费用发生速率的影响。

图 8-2　控制账户实际成本仿真存量—流量模型

・87・

3．控制账户计划进度仿真模拟

对于控制账户的计划进度，同样采用存量—流量模型进行模拟。如图 8-3 所示，与上述两种模型唯一不同的是，流量模块中的进度流速为计划时设定的速率，不受预测执行时间段内随机因素的影响。该模型中存在的数学关系如下：

- 计划完成工作量=当前计划完成工作量+计划进度速率×预测执行时间
- 计划工作量剩余=当前计划工作量剩余−计划进度速率×预测执行时间
- 计划进度速率=计划完成总工作量/计划总工期

图 8-3　控制账户计划进度仿真存量—流量模型

8.3.2　AnyLogic 仿真模型实现

基于上述理论模型，本书采用 AnyLogic 软件中的系统动力学组件，建立了如图 8-4 所示的控制账户进度与成本状态仿真模型，该模型中涉及的各个模块的定义在图右侧列出。

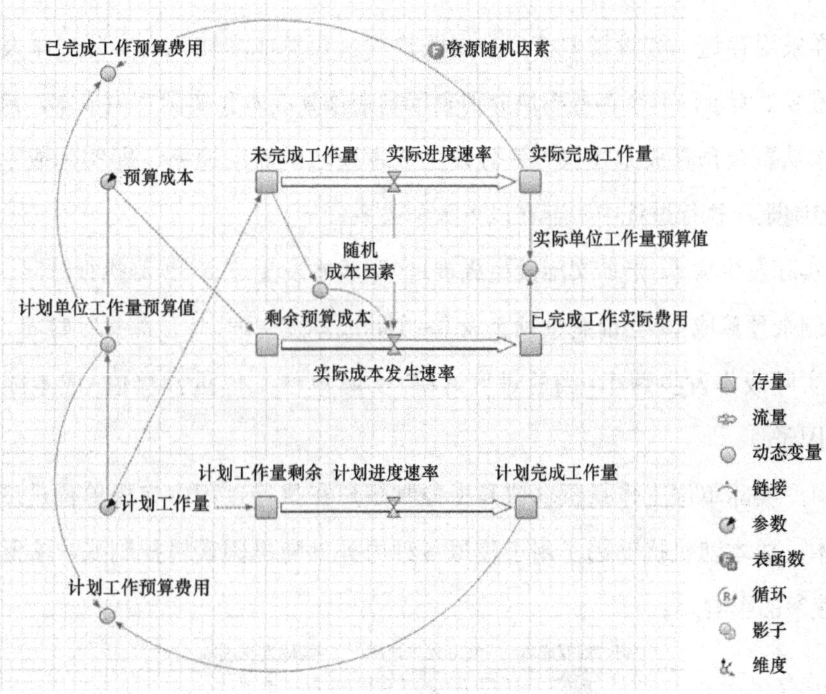

图 8-4　控制账户进度与成本状态仿真模型

第八章　项目进度与成本状态预测模型

除与 8.3.1 节中介绍的三个存量—流量模型有关的模块以外，对图 8-4 中其他模块的介绍如下：

- 动态变量：随时间变化的变量，用于存储模型运行过程中的数据。
- 链接线：通常用于连接不同的模型元素，它不直接存储数据，但定义了数据或控制流如何在模型元素之间进行传递。
- 参数：模型中的固定值或可调整的值，用于控制模型的行为或作为输入数据。它可以是数值、字符串、布尔值等类型。
- 表函数：是一种特殊的参数，它允许通过函数的形式定义输出与输出之间的关系，这在模拟复杂关系或非线性关系时非常有用。

控制账户存量—流量模型所需要的参数和计算公式如表 8-1 所示。

表 8-1　控制账户存量—流量模型所需要的参数和计算公式

固 定 参 数	
计划工作量（工期）	控制账户按照计划需要完成的总工作量（时间单位）
预算成本	控制账户按照计划的总成本预算（货币单位）
计划单位工作量预算值	控制账户完成单位工作量（进度）所需的预算成本，计划单位工作量预算值=预算成本/计划工作量
动 态 变 量	
实际单位工作量预算值	实际单位工作量预算值=实际发生成本/实际完成工作量
计划工作量的预算费用（BCWS）	BCWS=计划单位工作量预算值×在检查点应完成的计划工作量
已完成工作量的实际费用（ACWP）	ACWP=当前实际发生成本+预测成本发生速率×预测执行时间
已完成工作量预算费用（BCWP）	BCWP=实际完成工作量×计划单位工作量预算值
成本随机扰动因子	对控制账户成本发生速率产生影响的随机变量
进度随机扰动因子	对控制账户进度执行速率产生影响的随机变量
存 量 与 流 量	
计划工作量剩余	按照进度计划尚未完成的剩余工作量，预测计划工作量剩余=当前计划工作量剩余−计划进度速率×预测执行时间
计划完成工作量	按照计划的工作进度累计值，预测计划完成工作量=当前计划完成工作量+计划进度速率×预测执行时间
计划进度速率	计划单位时间完成的工作量，计划进度速率=计划完成总工作量/计划总工期
实际发生成本	实际完成工作量的累计成本，实际发生成本=当前实际发生成本+预测成本发生速率×预测执行时间
剩余预算成本	尚未执行的剩余预算，剩余预算成本=当前剩余预算成本−预测成本发生速率×预测执行时间
实际成本发生速率	实际单位时间的成本费用发生，当前进度速率×实际单位工作量预算值+成本随机扰动因子

（续表）

存量与流量	
实际完成工作量	实际完成的工作量（进度），实际完成工作量=当前实际完成工作量+预测进度速率×预测执行时间
未完成工作量	尚未完成的工作量（进度），未完成工作量=当前未完成工作量-预测进度速率×预测执行时间
实际进度速率	实际单位时间完成工作量，实际进度速率=当前进度速率+进度速率扰动因子

8.4 项目整体绩效状态预测

8.4.1 控制账户前后搭接关系建模

为了预测项目整体的进度与成本绩效，首先需要模拟控制账户之间存在的紧前紧后关系。图 8-5 展示了由两个存在前后搭接关系的控制账户所构建的仿真模型。在图 8-5 中，控制账户 1 与控制账户 2 在逻辑执行顺序上存在前后搭接关系。当控制账户 1 执行到一定程度，即完成一定的工作量时，控制账户 2 才能开始执行。表 8-2 列出了常见的四类控制账户前后逻辑关系在串联链路中的设置方法。

表 8-2　控制账户前后逻辑关系定义与设置方法

前后逻辑关系	意　义
Finish(100%)-Start(0%)	当控制账户 1 完成 100%时，控制账户 2 才能启动
Finish(X%)-Start(0%)	当控制账户 1 完成 X%时，控制账户 2 才能启动
Finish(100%)-Start(Y%)	当控制账户 1 完成 100%时，控制账户 2 才能从 Y%执行后续工作
Finish(X%)-Start(Y%)	当控制账户 1 完成 X%时，控制账户 2 才能从 Y%执行后续工作

8.4.2 基于网络计划图的项目整体绩效预测

该部分将构建基于网络计划图的项目整体绩效预测模型。图 8-6 给出了一个由 7 个控制账户组成的项目进度与成本绩效仿真模型。当前一个控制账户的"未完成工作量"从 100% 变为 0%时，箭头所指向的后继控制账户就会被触发启动，同时后续控制账户的"未完成工作量"将被设置为 100%。从图 8-6 中可以发现，整个项目包括 3 条从 AC_1 到 AC_7 的路径，其中关键路径为：$AC_1 \rightarrow AC_3 \rightarrow AC_5 \rightarrow AC_6 \rightarrow AC_7$。当整个项目从左边的控制账户 1（$AC_1$）逐步执行至控制账户 7（$AC_7$）时，整个项目的所有工作任务结束。

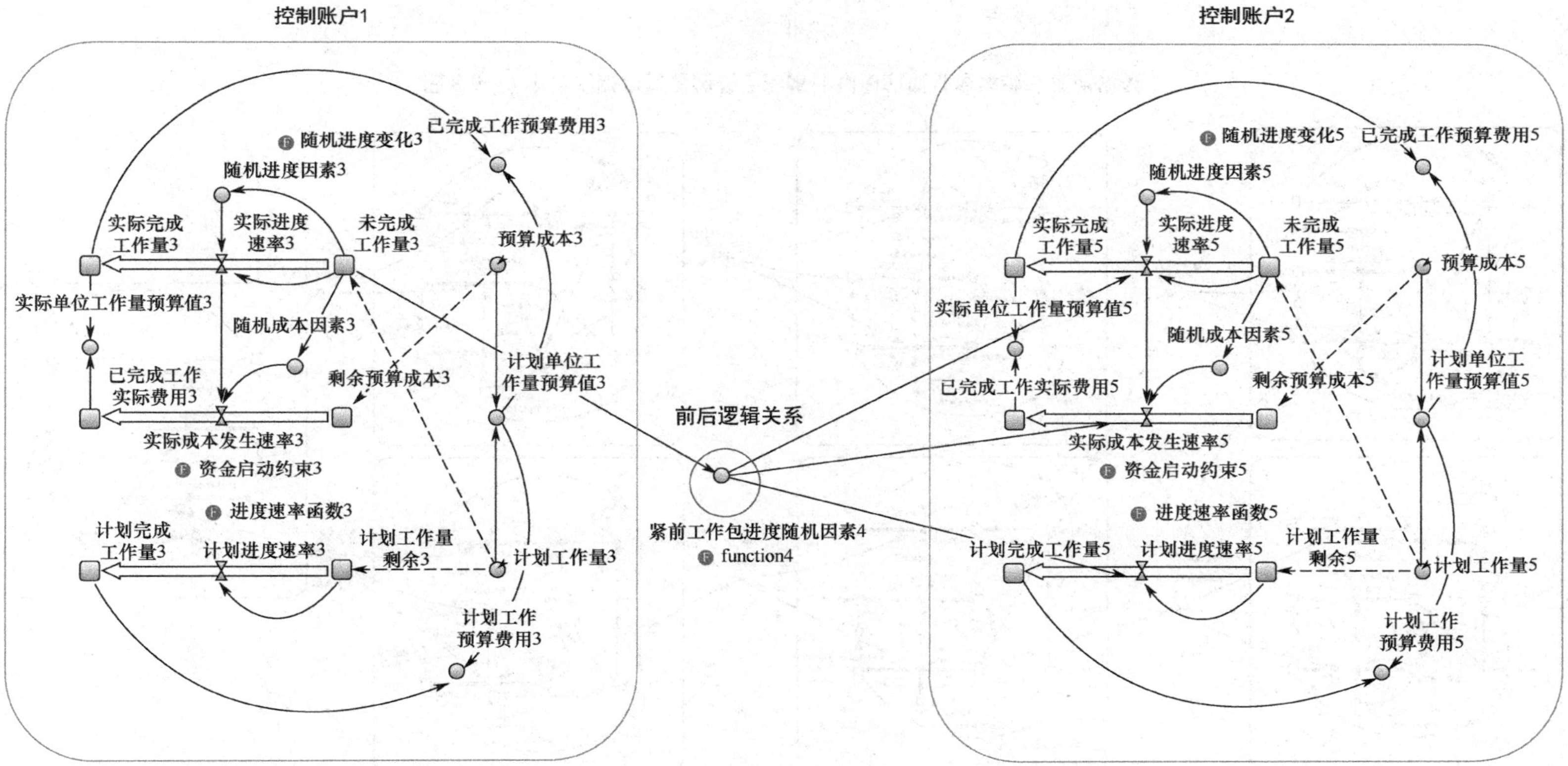

图 8-5 两个控制账户的前后搭接关系仿真模型构建示意图

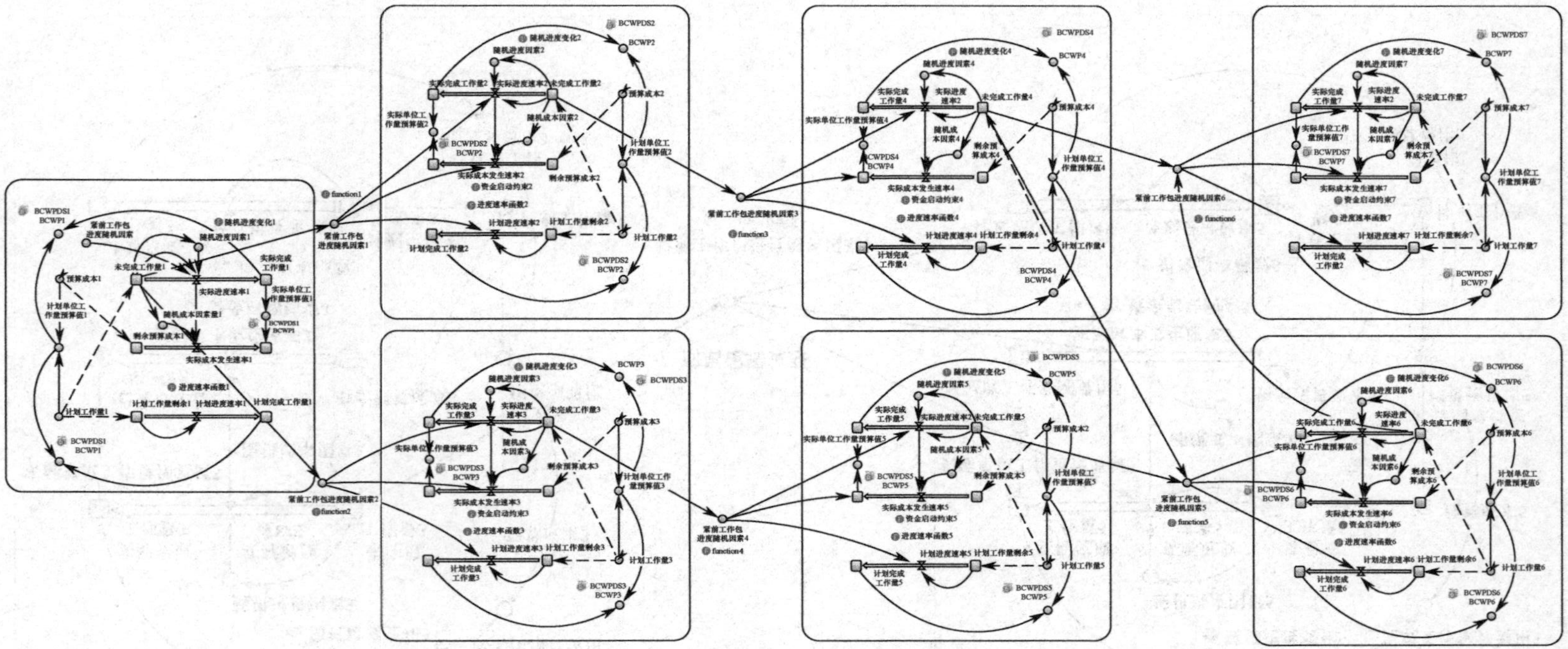

图 8-6　7 个控制账户搭建的基于网络计划图的项目整体绩效预测模型

8.5 仿真测试与分析

8.5.1 案例项目与测试数据

本案例项目源自某航空研制项目，该项目计划总工期为 720 天，预算为 8500 万元。根据项目的 WBS 和 OBS，可以识别出 7 个控制账户。在实施阶段，按季度对这些控制账户的进度与成本绩效状态进行评估分析与预测，因此本项目共包括 8 个检查点。表 8-3 展示了 7 个控制账户的计划工期、预算成本以及控制账户之间的前后搭接关系。需要注意的是，在本案例中设置控制账户之间均为 0%～100%搭接关系，即只有当紧前控制账户完成 100%的工作量后，紧后一个控制账户才能开始执行。

表 8-3　控制账户的计划工期、预算成本以及搭接关系

控 制 账 户	两 年 计 划		紧前控制账户
	计划工期（天）	预算成本（万元）	
AC_1	270	1500	无
AC_2	60	500	0
AC_3	150	2000	0
AC_4	100	2000	AC_2
AC_5	200	1000	AC_3
AC_6	70	800	AC_4, AC_5
AC_7	30	700	AC_4, AC_6
项目总体	720	8500	

8.5.2 单控制账户绩效预测

首先，本文以控制账户 AC_1 为例，利用 AnyLogic 软件测试 8.3 节建立的单个控制账户绩效预测模型的效果。图 8-7 展示了当 AC_1 执行到检查点 1（第 90 天）时，进度与成本的三个绩效指标。此时，ACWP=555.24（万元），BCWP=492.81（万元），BCWS=500（万元），而 CPI=BCWP/ACWP =0.89<1，SPI= BCWP/BCWS= 0.99<1，由此可以评估出控制账户 AC_1 当前处于成本略微超支，进度基本与计划吻合的状态。

· 93 ·

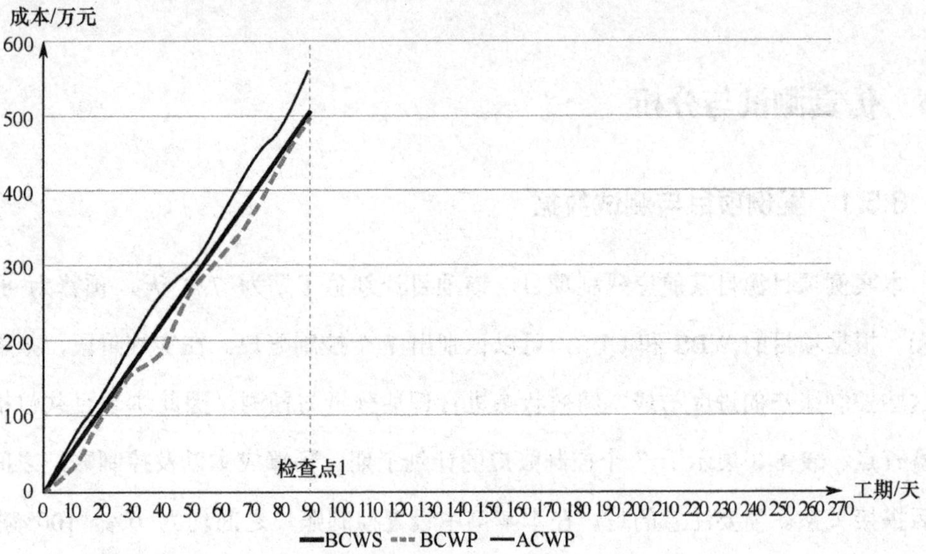

图 8-7 AC_1 在检查点 1 的进度与成本状态

接下来，将利用本书搭建的单控制账户绩效预测模型，预测从检查点 1 到下一个检查点（第 180 天）以及在该控制账户计划完工时（第 270 天）的进度与成本绩效状态。在 AnyLogic 软件的仿真模拟过程中，采用正态分布 $N(0, 0.8)$ 来模拟控制账户 AC_1 每天的进度随机扰动因素，并采用正态分布 $N(0, 5)$ 来模拟每天的成本随机扰动因素。

首先，图 8-8 给出了控制账户 AC_1 从检查点 1 到预测点 1 的某次仿真运行情况。在图 8-8 中的预测点 1，AC_1 的绩效指标为 ACWP=1188.73（万元），BCWP=1002.17（万元），BCWS=1090（万元），此时的 CPI≈0.84<1，表示成本超支；SPI=BCWP/BCWS≈0.91<1，表示进度略微滞后于计划。在预测点 2，AC_1 的预测绩效如图 8-9 所示，其中 ACWP=1749.03（万元），BCWP=1407.71（万元），BCWS=1550（万元），此时的 CPI≈0.80<1，表示成本超支明显；SPI ≈0.91<1，表示进度略微滞后。最终，AC_1 完工时间由计划的 270 天延迟到 296 天，成本比计划超支 341.32 万元。

本例对控制账户 AC_1 进行了 30 次的仿真模拟，然后统计出了在两个预测点的进度和成本状态的预测值，其结果如表 8-4 和表 8-5 所示。

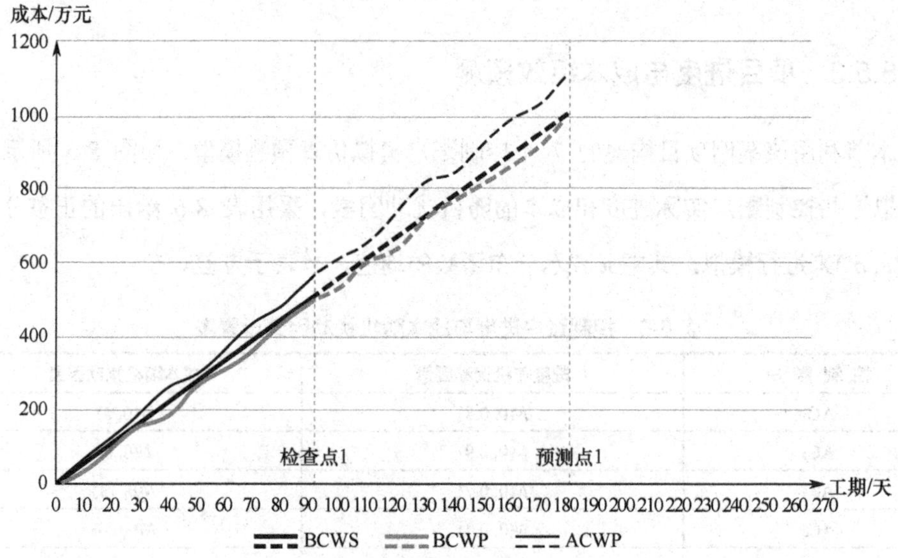

第八章　项目进度与成本状态预测模型

图 8-8　AC_1 在预测点 1 的进度与成本状态

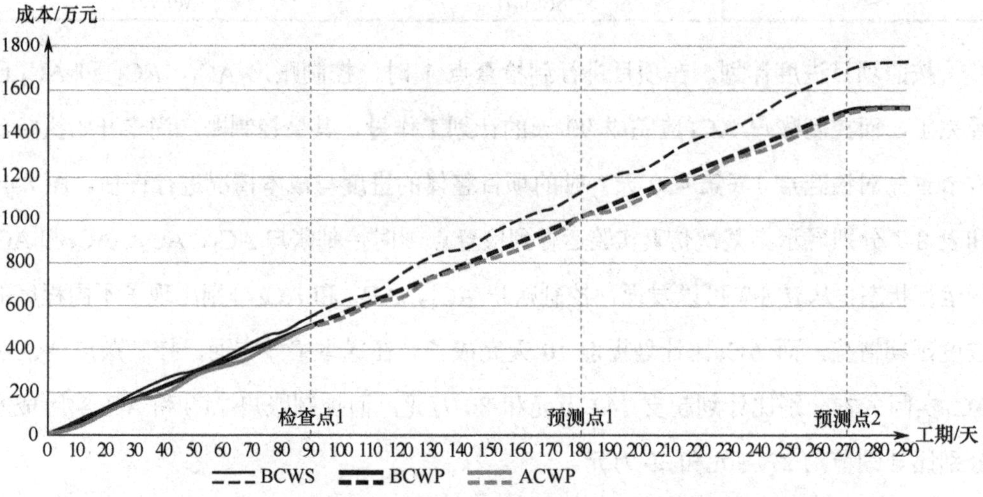

图 8-9　模型预测 AC_1 在完工时（预测点 2）的进度与成本状态

表 8-4　AC_1 在预测点 1 的预测绩效统计结果

统　计　量	最大值（MAX）	最小值（MIN）	平均值（AVG）	标准差（STD）
预测成本（万元）	1188.73	968.81	1029.30	56.12
预测工期（天）	185	174	179	5.09

表 8-5　AC_1 在预测点 2 的预测绩效统计结果

统　计　量	最大值（MAX）	最小值（MIN）	平均值（AVG）	标准差（STD）
预测成本（万元）	1749.03	1413.34	1541.27	120.65
预测工期（天）	296	262	281	11.10

· 95 ·

8.5.3　项目进度与成本绩效预测

本节利用该案例项目构建的 7 个控制账户模拟仿真预测模型，如图 8-6 所示。为了模拟这些控制账户实际进度和成本的随机扰动因素，采用表 8-6 给出的正态分布函数 $N(\pi, \sigma^2)$ 来进行模拟，其中 π 表示分布函数的均值，σ^2 表示方差。

表 8-6　控制账户进度与成本随机扰动因素设置表

控 制 账 户	进度随机扰动因素	成本随机扰动因素
AC_1	$N(0, 0.8)$	$N(0, 5)$
AC_2	$N(0, 0.9)$	$N(0, 8)$
AC_3	$N(0, 0.7)$	$N(0, 13)$
AC_4	$N(0, 0.5)$	$N(0, 20)$
AC_5	$N(0, 0.6)$	$N(0, 5)$
AC_6	$N(0, 0.8)$	$N(0, 11)$
AC_7	$N(0, 0.7)$	$N(0, 23)$

按照项目进度计划，在项目进行到检查点 1 时，控制账户 AC_1、AC_2 和 AC_3 已经完工，而控制账户 AC_4 应完成 90 天的计划工作量，其余控制账户尚未开始执行。本节首先对检查点 1（第 420 天）时的项目整体的进度与成本情况进行评估。图 8-10 和表 8-7 分别展示了某次仿真实验运行到检查点 1 时控制账户 AC_1、AC_2、AC_3 和 AC_4 的运行状态。从表 8-7 可以发现，控制账户 AC_1、AC_2 和 AC_4 分别出现了不同程度的进度延期情况，而 AC_3 比计划提前 10 天完成了。在成本绩效方面，控制账户 AC_1 和 AC_3 实际成本分别比计划超支 142 万元和 80 万元，而控制账户 AC_2 和 AC_4 实际成本分别比计划节约 27 万元和 39 万元。

表 8-7　检查点 1 各控制账户实际成本与进度情况

控 制 账 户	实际工期（天）	进 度 状 态	实际成本（万元）	成 本 状 态
AC_1	279	已完成，比计划延期 9 天	1642	超支 142 万元
AC_2	62	已完成，比计划延期 2 天	473	节约 27 万元
AC_3	140	已完成，比计划提前 10 天	2080	超支 80 万元
AC_4	79	未完成，比计划延期 11 天	1761	节约 39 万元

进一步分析项目的关键路径（$AC_1 \rightarrow AC_3 \rightarrow AC_5 \rightarrow AC_6 \rightarrow AC_7$），发现项目总体进度提前了 1 天，而项目在两条非关键路径（$AC_1 \rightarrow AC_2 \rightarrow AC_4 \rightarrow AC_6 \rightarrow AC_7$ 和 $AC_1 \rightarrow AC_2 \rightarrow AC_4 \rightarrow AC_7$）上的进度均滞后 11 天，但滞后天数小于总浮动值 190 天和 120 天，因此

第八章　项目进度与成本状态预测模型

项目整体进度正常。项目的实际成本发生约为 5956 万元，比计划成本 5800 万元超支 156 万元。

根据图 8-10 中项目各控制账户在检查点 1 的进度与成本状态数据，利用 8.4 节构建的项目多账户 AnyLogic 仿真模型预测项目在预测点 1（第 620 天）时的项目进度与成本绩效状态。图 8-11 和表 8-8 分别展示了某次仿真实验运行到预测点 1 时，在检查点 1 和预测点 1 之间进行工作的控制账户 AC_4 和 AC_5 的运行状态。从表 8-8 可以发现，控制账户 AC_4 的进度比计划延后约 8 天，实际花费约为 2389 万元。此时应该完成的控制账户 AC_5 仍处在运行状态，其实际成本为 1087 万元，BCWP=989 万元，BCWS=1000 万元，所以该控制账户进度延期 1 天，成本超支 87 万元。由此，可预测出项目整体进度处于延期状态，比原进度计划延期 1 天；项目整体花费约为 7671 万元，超支约 671 万元。

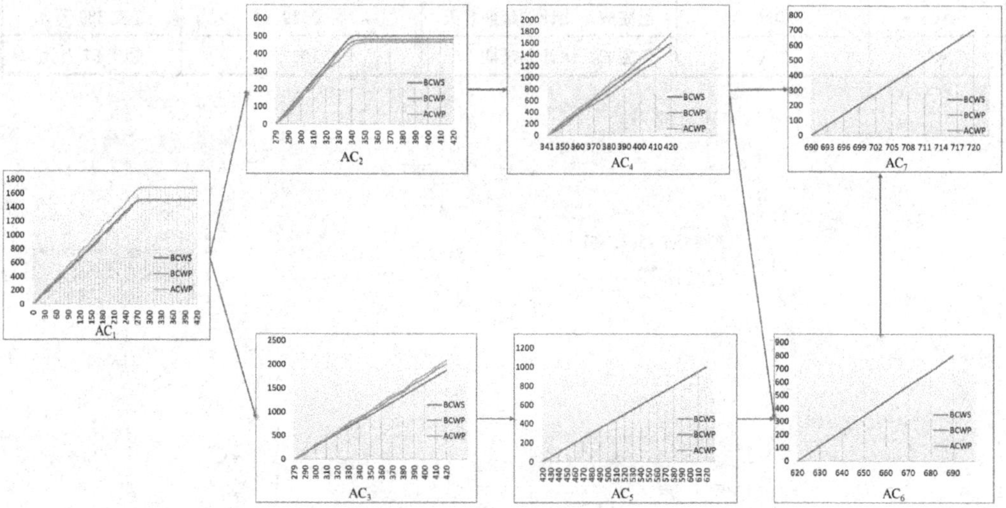

图 8-10　项目在检查点 1（第 420 天）的进度与成本状态评估

同样，可以进一步预测出项目在预测点 2（计划完工时）的进度与成本状态情况，如图 8-12 所示。其中，控制账户 AC_5 进度延后并且成本超支；控制账户 AC_6 进度提前且成本节约；控制账户 AC_7 进度延后并且成本超支。因此，项目整体进度比计划延迟 11 天，项目整体花费为 9209 万元，比计划的 8500 万元超支 709 万元。各控制账户进度和成本情况如表 8-9 所示。

• 97 •

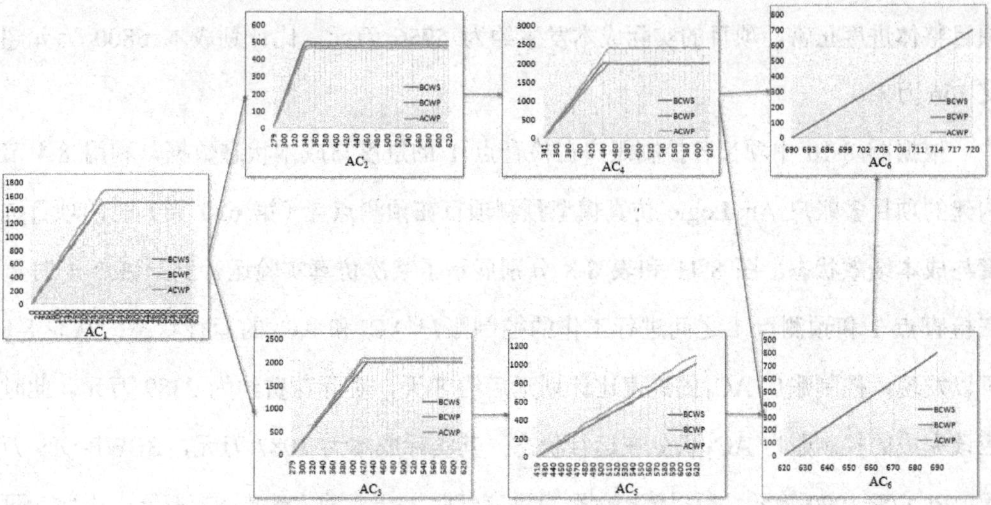

航空研制项目进度与成本数智化管控理论和方法

图 8-11　项目在预测点 1（第 620 天）的进度与成本状态预测

表 8-8　预测点 1 各控制账户实际成本与进度情况

控制账户	实际工期（天）	进 度 状 况	实际成本（万元）	成 本 状 况
AC_4	108	已完成，比计划延期 8 天	2389	超支 389 万元
AC_5	201	未完成，比计划延期 1 天	1087	超支 87 万元

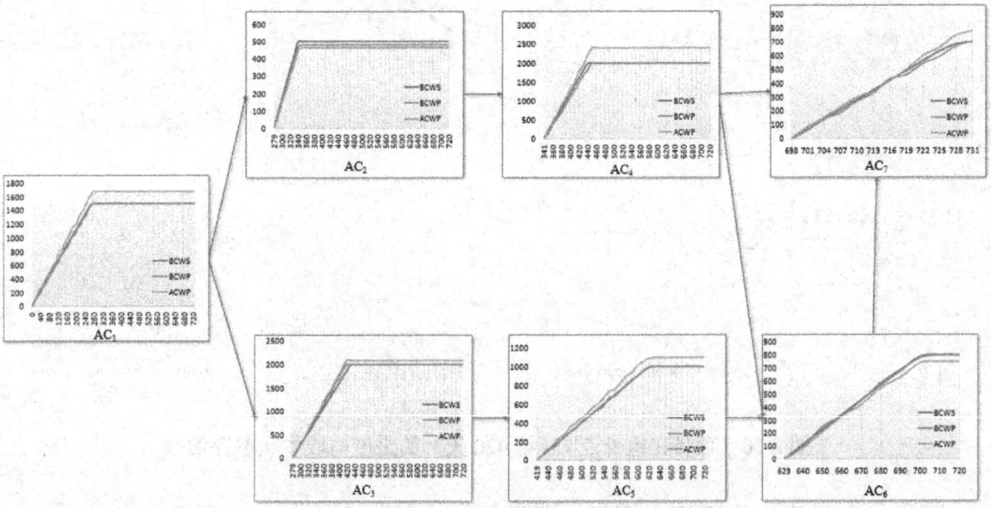

图 8-12　项目在预测点 2（计划完工）的进度与成本状态预测

表 8-9　完工时各控制账户进度与成本情况

控制账户	实际工期（天）	进 度 状 况	实际成本（万元）	成 本 状 况
AC_5	210	已完成，比计划延期 10 天	1092	超支 92 万元
AC_6	69	已完成，比计划提前 1 天	752	节约 48 万元
AC_7	33	已完成，比计划延期 3 天	781	超支 81 万元

第八章　项目进度与成本状态预测模型

通过对整个项目的网络计划图进行 30 次模拟仿真，最终得到如表 8-10 和表 8-11 所示的各个控制账户在预测点 1 和预测点 2 的进度与成本的预测数据。通过表 8-11 可以得知，项目完工时的平均总成本为 8631.25 万元，比预算超支 131.25 万元，预计的平均总工期为 730 天，比计划超期 10 天。

表 8-10　控制账户在预测点 1 的预测数据

控制账户	统 计 量	最小值（MIN）	最大值（MAX）	平均值（AVG）	标准差（STD）
AC₁	预测成本（万元）	1322.85	1862.17	1530.05	292.12
	预测工期（天）	252	291	274.34	19.54
AC₂	预测成本（万元）	429.06	589.94	527.72	57.73
	预测工期（天）	58	68	63.67	5.08
AC₃	预测成本（万元）	1506.64	2414.48	1986.67	402.28
	预测工期（天）	131	166	148.14	12.51
AC₄	预测成本（万元）	1622.40	2488.39	2059.35	366.02
	预测工期（天）	90	112	98.22	9.37
AC₅	预测成本（万元）	762.15	1350.83	984.44	299.23
	预测工期（天）	187	204	196.59	9.29

表 8-11　控制账户在完工时的预测数据

控制账户	统计量	最小值（MIN）	最大值（MAX）	平均值（AVG）	标准差（STD）
AC₁	预测成本（万元）	1322.85	1862.17	1530.05	292.12
	预测工期（天）	252	291	274.34	19.54
AC₂	预测成本（万元）	429.06	589.94	527.72	57.73
	预测工期（天）	58	68	63.67	5.08
AC₃	预测成本（万元）	1506.64	2414.48	1986.67	402.28
	预测工期（天）	131	166	148.14	12.51
AC₄	预测成本（万元）	1622.40	2488.39	2059.35	366.02
	预测工期（天）	90	112	98.22	9.37
AC₅	预测成本（万元）	768.58	1355.61	989.14	311.05
	预测工期（天）	187	221	205.07	20.67
AC₆	预测成本（万元）	653.82	940.95	826.03	142.09
	预测工期（天）	64	77	72.99	8.55
AC₇	预测成本（万元）	632.13	802.05	715.39	107.56
	预测工期（天）	26	39	31	7.17
项目整体	预测成本（万元）	7853.29	9507.17	8631.25	859.67
	预测工期（天）	659	788	729.62	65.81

综上所述，本章搭建的单控制账户和项目整体进度与成本状态仿真模型能够有效模拟出随机环境下进度与成本的变化情况。通过对控制账户的详细分析和仿真测

• 99 •

试，模型不仅能够捕捉到项目在不同阶段的动态变化情况，还能反映出由于各种内外部因素引起的随机扰动对项目绩效的影响。

具体而言，该模型在多个检查点上提供了单控制账户的详细进度和成本预测结果，使项目管理者能够实时了解到项目的实际执行状态与计划目标之间的差距。这种实时监控能力使得项目团队能够及时识别潜在的风险和偏差，从而为制定相应的纠偏措施和优化方案提供了科学依据。此外，模型还展示了不同控制账户之间的相互关系以及它们在整体项目进度中的相互影响，能够帮助管理者理解各个控制账户的绩效如何共同作用于整体项目。这种系统性的视角使得项目管理者能够更好地进行资源配置，优化决策过程，进而提高项目的整体效率。

通过多次仿真测试，模型的统计结果为项目管理者提供了对未来项目进展的可视化预期，增强了决策的科学性和准确性。总之，本章的研究成果为项目管理领域提供了一种新的工具和方法，促进了对复杂项目管理的理解和实践，为实现项目的成功交付奠定了坚实的基础。

第九章　基于多智能体强化学习的项目绩效动态控制

本章在项目进度与成本状态仿真模型的基础上，进一步研究基于多智能体深度强化学习的项目绩效分布式动态控制方法。本章聚焦于如何利用仿真模型来构建智能体的离线学习环境，并通过深度强化学习方法来训练智能体以探索项目进度与成本绩效状态的最优控制策略（Policy），从而确保项目整体能够在最低成本下按期完成。

9.1　多智能体与强化学习概述

近年来，机器学习算法在各个领域得到了广泛关注和应用，受到了学者和企业的青睐。强化学习是机器学习领域的一个重要分支，它主要关注如何基于环境的反馈来选择或优化行为。与监督学习和无监督学习不同，在强化学习中，智能体（Agent）要不断地与环境（Environment）进行交互，并通过执行一系列行为（Action），从环境中获得状态（State）和奖励（Reward）的反馈来更新策略（Policy）。在强化学习中，策略定义了智能体在给定状态下应采取的动作行为，因此优化的目标是找到一个最优策略，使该策略能引导智能体在所有可能的状态下获得最大的长期奖励。

多智能体强化学习（Multi-Agent Reinforcement Learning，MARL）结合了多智能体系统和强化学习的理论和技术，适合于解决更复杂、更大规模的问题。在分布式优化决策问题中，多智能体可以通过强化学习方法，学习如何在给定的环境下实现各自部分负责的控制目标以及如何与其他智能体进行沟通协作，以实现全局优化。每个智能体都有自己的状态空间、行为空间和奖励函数，并独立地更新其策略，以实现总体累计奖励的最大化。同时，智能体之间需要通过通信和协作机制，分享信息、协调行为，以便共同解决问题。

基于上述理论，本章尝试采用多智能体强化学习算法框架对项目多个控制账户的进度和成本状态进行分布式控制。首先建立项目的多个控制账户在执行与控制过程中的马尔可夫决策过程，然后开发基于近端策略优化算法（Proximal Policy Optimization，PPO）的多智能体分布式动态控制策略，从而确保项目整体能够在最低成本下按期完成。

9.2　项目多控制账户绩效动态控制

9.2.1　问题描述

本节介绍由多个控制账户组成的航空研制项目的进度与成本状态控制问题。为了建模方便，本节将每个控制账户 $i(i \in N)$ 视为一个完整独立的活动，其中 N 为控制账户的集合。由此，可将其紧前控制账户记为集合 $E(i)$，其中，对于控制账户 j，存在 $\forall j \in E(i)$ 且控制账户 i 的开始时间必须晚于控制账户 j 的完成时间。在项目计划阶段，每个控制账户都有一个计划工期和预算成本以及整个项目计划的总工期和总预算。由于在项目执行中会受到内外部随机因素的影响，因此活动 i 的实际工期和实际成本为随机变量。相应地，项目实际的总工期和总成本为随机变量。本节重点关注在项目执行阶段，如何以计划的工期和预算为基线（Baseline），根据项目中正在执行的控制账户的进度与成本绩效状态，动态地选择相应的纠偏控制措施，以保证项目能在最低总成本下按期交付。

为了对项目的执行情况进行动态监控，可将项目的执行期划分为 H 个检查点，相邻检查点之间有相同的时间间隔。在检查点 $h(1 \leqslant h \leqslant H)$，可以获取当前正在执行的多个控制账户 i 关于进度与成本的相关数据与信息，从而利用挣值法计算出对应的进度与成本状态参数：$\mathrm{BCWP}_i(h)$，$\mathrm{ACWP}_i(h)$ 和 $\mathrm{BCWS}_i(h)$，从而进一步得到进度和成本绩效指标：$\mathrm{SPI}_i(h)$ 和 $\mathrm{CPI}_i(h)$。若 $\mathrm{SPI}_i(h) \geqslant 1 - \sigma_i^s$，则表示控制账户 i 进度执行良好，不需要采用进度纠偏措施；同理，若 $\mathrm{CPI}_i(h) \geqslant 1 - \sigma_i^c$，则表示控制账户 i 成本未超支，不需要采用成本纠偏措施。否则，应采用相应的进度或/和成本纠偏措施，以保证项目整体可以在最低总成本下按期完成。其中，参数 $\sigma_i^s \in [0,1]$ 和 $\sigma_i^c \in [0,1]$ 为第七章中提到的进度与成本绩效偏差阈值。当采取纠偏动作 $a_i(h)$ 后，在随机因素的影响下，控制账户 i 的进度和成本状态更新为 $s_i(h+1)$。因此，项目整体的进度与成本状态控制可以视为由多个控制账户组成的马尔可夫决策过程。下面将给出控制账户 i 从检查点 h 转移到下一个检查点 $h+1$ 时对应的马尔可夫决策过程的关键五要素。

9.2.2　控制账户的马尔可夫决策过程

1．决策时刻

项目整体的决策时刻为检查点 h，其中 $1 \leqslant h \leqslant H$。需要注意的是，在决策时刻 h，往往只有项目的部分活动正在执行，记为集合 $N(h)$。其他活动要么已经完成，要么还未执行。

2．控制账户的状态

用 $s_i(h)$ 表示控制账户 $i(i \in N(h))$ 在决策时刻 h 的进度与成本状态，并且定义为：

$$s_i(h) = (\mathrm{SPI}_i(h), \mathrm{CPI}_i(h), \mathrm{TF}_i(h))$$

其中，$\mathrm{SPI}_i(h)$ 表示进度绩效指标，$\mathrm{CPI}_i(h)$ 表示成本绩效指标，$\mathrm{TF}_i(h)$ 为检查点 h 的总浮动时间。这里，$\mathrm{TF}_i(h)$ 用于建立控制账户 i 通过网络计划图与项目总进度目标的联系。特别地，在初始进度计划中，当控制账户 i 处于关键路径时，$\mathrm{TF}_i(h) = 0$；当其处于非关键路径时，$\mathrm{TF}_i(h) > 0$。

3．纠偏动作

本节没有直接将进度和成本绩效纠偏的绝对量作为纠偏措施动作，而是将纠偏措施的强度定义为智能体选择的纠偏动作，即

$$a_i(h) = (a_i^s, a_i^c)$$

其中，$a_i^s \in [0,1]$ 表示在从检查点 h 到检查点 $h+1$ 的过程中对控制账户 i 施加的进度纠偏强度，对应的进度纠偏绝对量定义为单调增函数 $\delta^{\mathrm{SPI}(+)}(a_i^s) \geqslant 0$；$a_i^c \in [0,1]$ 表示成本纠偏强度，对应的成本纠偏绝对量定义为单调增函数 $\delta^{\mathrm{CPI}(+)}(a_i^c) \geqslant 0$。当 $a_i^s = 0$ 且 $a_i^c = 0$ 时，表示对控制账户 i 的进度和成本状态不采用纠偏措施；当 $a_i^s = 1$ 或 $a_i^c = 1$ 时，表示对进度或成本采用完全的纠偏措施，以便将项目纠正到原计划方案中的进度和成本绩效状态。

需要说明的是，在实际项目控制中，对进度绩效的纠偏，往往会对成本绩效产

·103·

生负面影响；对成本绩效的纠偏，也往往会对进度绩效产生负面影响。由此，本节将进度纠偏动作 a_i^s 对成本绩效所产生的负面影响（即产生的额外成本）定义为单调减函数 $\delta^{\mathrm{CPI}(-)}(a_i^s) \leqslant 0$；同理，将成本纠偏动作 a_i^c 对进度绩效所产生的负面影响定义为单调减函数 $\delta^{\mathrm{SPI}(-)}(a_i^c) \leqslant 0$。

4．状态转移方程

当智能体完成了纠偏动作 $a_i(h)$ 后，在 h 至 $h+1$ 时间段内，活动 i 将在纠偏动作下按照进度绩效指标 $\mathrm{SPI}_i'(h) = \mathrm{SPI}_i(h) + \delta^{\mathrm{SPI}(+)}(a_i^s) + \delta^{\mathrm{SPI}(-)}(a_i^c)$ 和成本绩效指标 $\mathrm{CPI}_i'(h) = \mathrm{CPI}_i(h) + \delta^{\mathrm{CPI}(-)}(a_i^s) + \delta^{\mathrm{CPI}(+)}(a_i^c)$ 继续执行。

考虑到执行过程中存在的随机干扰因素，因此在下一个检查点 $h+1$，控制账户的进度与成本状态信息可分别表示为：

$$\mathrm{BCWP}_i(h+1) = \mathrm{BCWS}_i(h+1) \times \mathrm{SPI}_i'(h) + \omega_{ih}$$

$$\mathrm{ACWP}_i(h+1) = \mathrm{BCWP}_i(h+1) / \mathrm{CPI}_i'(h) + \varphi_{ih}$$

其中，ω_{ih} 和 φ_{ih} 分别表示在从检查点 h 到 $h+1$ 的过程中，内外部随机因素给控制账户 i 在进度和成本方面带来的干扰。

因此，在状态 $s_i(h)$ 下执行动作 $a_i(h)$ 后，控制账户 i 在检查点 $h+1$ 的绩效状态更新为：

$$s_i(h+1) = (\mathrm{SPI}_i(h+1), \mathrm{CPI}_i(h+1), \mathrm{TF}_i(h+1))$$

其中，

$$\mathrm{SPI}_i(h+1) = \frac{\mathrm{BCWP}_i(h+1)}{\mathrm{BCWS}_i(h+1)}$$

$$\mathrm{CPI}_i(h+1) = \frac{\mathrm{BCWP}_i(h+1)}{\mathrm{ACWP}_i(h+1)}$$

9.2.3　项目整体的控制过程

对于项目整体，可以将在每个检查点 h 正在执行的控制账户 $i(i \in N(h))$ 的进度与成本数据进行汇总，然后计算出项目整体的进度与成本绩效状态 S_h。相应地，纠偏动作也可以按进度与成本两个维度汇总为总体动作 a_h，对应的奖励函数为 r_h。项目中的控制账户通过紧前关系集合 $E(i)$ 建立了执行顺序的前后逻辑关系，并通过状态

第九章　基于多智能体强化学习的项目绩效动态控制

参数 $\text{TF}_i(h)$ 与项目的总工期目标建立了联系。如图 9-1 所示，上述纠偏决策过程在整个项目的执行过程中一直被执行，直至项目的所有控制账户的工作任务都完成。

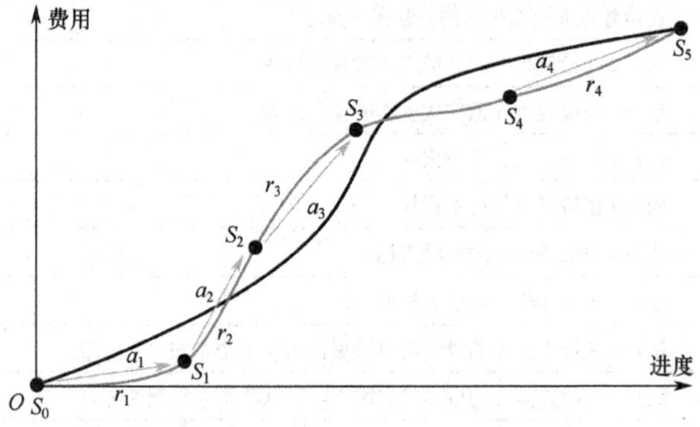

图 9-1　纠偏决策过程的执行示意图

当项目的所有活动都完成时，可得到每个活动的实际工期 d_i^H 和成本 $c_i^H(i \in N)$，以及项目的实际总工期 $\sum\limits_{k \in \text{CP}} d_k^H$ 和实际总成本 $\sum\limits_{i=1}^{N} c_i^H$。其中，$d_k^H$ 表示在关键路径 CP 上的活动 k 的工期。项目控制目标为最小化的项目实际总成本，即

$$\min C^{\text{total}} = \min\left(\mu \sum\limits_{k \in \text{CP}} d_k^H + \sum\limits_{i=1}^{N} c_i^H \right)$$

其中，μ 为将工期转化为成本的因子。

由此，本章研究的问题就是如何在可行的策略空间 $\prod$ 中，找到最优的纠偏策略 $\pi^* = (a_i(h) \mid s_i(h), i \in N, 1 \leqslant h \leqslant H)$。该策略给出了在任意检查点 h，如何根据观察到的活动 i 的状态 $s_i(h)$（如果该活动正在执行）选择相应的纠偏动作 $a_i(h)$，从而使得项目的总绩效目标最小，即 $\pi^* = \text{argmin}_{\pi \in \prod} C^{\text{total}}(\pi)$。

在正式建模前，对本部分所使用的符号给出如表 9-1 所示的含义说明。

表 9-1　符号含义说明

符　号	含　义
已　知　参　数	
$N=\{1, 2, \cdots, n\}$	项目活动集合
$h=\{1, 2, \cdots, H\}$	项目检查点
$E(i)$	活动 i 的所有紧前工作集合
TF_i	活动 i 的总浮动时间
μ	进度与成本单位之间的转换因子
$\text{BCWS}_i(h)$	活动 i 在检查点 h 计划工作的预算成本

（续表）

符　号	含　义
变量或函数	
$N(h)$	在检查点 h 正在执行的控制账户集合
$BCWP_i(h)$	账户 i 在检查点 h 已完成工作的预算成本
$ACWP_i(h)$	账户 i 在检查点 h 已完成工作的实际成本
$SPI_i(h)$	账户 i 在检查点 h 进度指标
$CPI_i(h)$	账户 i 在检查点 h 成本指标
$SPI_i'(h)$	账户 i 采取动作后的进度指标
$CPI_i'(h)$	账户 i 采取动作后的成本指标
ω_{ih}	账户 i 在检查点 h 的进度随机因素，服从某个未知概率分布
φ_{ih}	账户 i 在检查点 h 的成本随机因素，服从某个未知概率分布
$s_i(h)$	账户 i 在检查点 h 的进度与成本状态
$\delta^{SPI(+)}(a_i^s)$	i_s^a 对当前 SPI 的正向影响函数
$\delta^{SPI(-)}(a_i^c)$	i_c^a 对当前 SPI 的负向影响函数
$\delta^{CPI(+)}(a_i^c)$	i_c^a 对当前 CPI 的正向影响函数
$\delta^{CPI(-)}(a_i^s)$	i_s^a 对当前 CPI 的负向影响函数
d_k^H	在关键路径上的账户的实际工期
c_i^H	账户 i 的实际成本
决策变量	
$a_i(h) = (a_i^s, a_i^c)$	账户 i 在检查点 h 的动作，其中 $a_i^s \in [0,1]$ 表示进度纠偏强度，$a_i^c \in [0,1]$ 表示成本纠偏强度

9.3　多智能体强化学习算法

本节将采用多智能体强化学习算法框架对项目多个控制账户的进度和成本状态进行分布式控制。由于每个控制账户所受到的随机干扰因素各不相同，因此很难提前建立关于这些随机因素的概率分布函数。为此，本书对项目中的每个控制账户建立了对应的强化学习控制账户智能体，如图 9-2 所示。其中，控制账户智能体 $A_i(i \in N)$ 负责在控制账户 i 所处的外部随机环境中对其进度与成本状态的控制策略进行强化学习；同时，增设中央智能体 A_0，其负责向所有控制账户智能体广播项目整体的进度与成本状态以及各控制账户的浮动时差信息。控制账户智能体之间则通过网络计划图中的紧前关系，将前序控制账户的结束信息传递给后序控制账户的智能体，以启动后序控制账户。

第九章　基于多智能体强化学习的项目绩效动态控制

对于每个控制账户智能体 $A_i(i \in N)$，将利用 9.2 节中建立的单控制账户马尔可夫决策过程作为离线训练环境，并通过有限次的强化训练探索对应的进度与成本绩效动态控制策略，以确保项目整体能够在最低成本下按期完成。考虑到单控制账户马尔可夫决策过程建模中的连续状态空间和连续动作空间以及算法稳定性，本书采用了近端策略优化（PPO）算法作为强化学习算法。

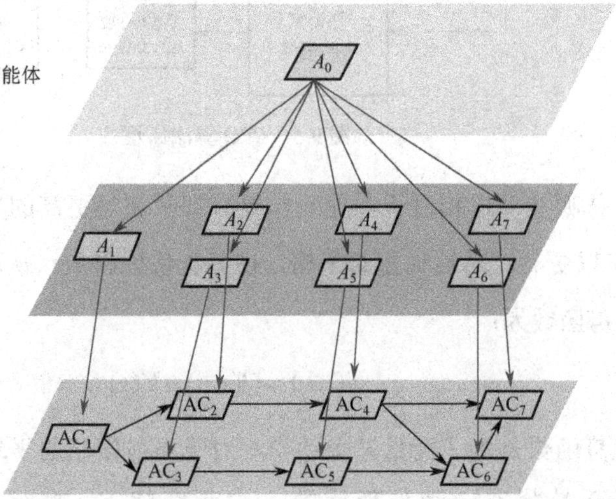

图 9-2　控制账户智能体结构

图 9-3 展示了 PPO 算法的原理。PPO 算法是基于策略梯度的强化学习算法，其通过引入重要性采样比率 $r_t(\theta)$ 和剪切（Clipping）机制来限制策略 π_θ 更新的幅度，从而确保策略的稳定性和高效性。该算法基于演员—评论家（Actor-Critic）框架构建神经网络。其中，演员层作为策略动作层，从环境中观察状态并根据当前策略选择动作；而当前的状态、动作和奖励函数（Reward）以及后续状态则传入评论家层，由评论家计算状态值函数，进而计算优势函数（Advantage）；演员层负责接收优势值，并通过剪切目标函数来更新策略。通过不断迭代上述交互过程并持续优化策略，使智能体在环境中表现得越来越好。

由此可见，PPO 算法包含了三个核心模块，分别是：优势函数、剪切和奖励函数。下面将分别介绍这三个核心模块的设计思路与特点。

1. 优势函数

PPO 算法使用优势函数来估计每个状态—动作相对于当前策略的优势。优势函数

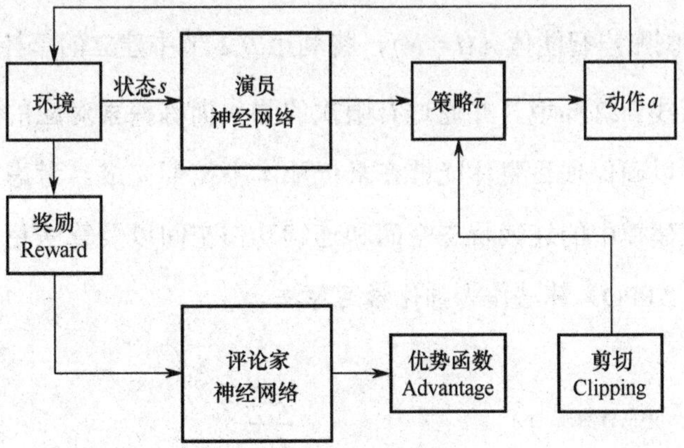

图 9-3　PPO 算法原理

会告诉智能体哪些动作相对于其他动作更有利于获得更高的奖励。通过这种方式，PPO 算法可以更有针对性地更新策略，使其更快地收敛，从而提高算法的效率。本文定义的优势函数为：

$$A(s,a) = Q(s,a) - V(s)$$

定义优势函数是为了衡量某个动作相对于当前策略的平均奖励情况的优劣性。其中，$Q(s,a)$ 是状态—动作值函数，表示在状态 s 执行动作 a 后的预期奖励（Reward）；$V(s)$ 是状态值函数，表示在状态 s 下采用所有可行动作的平均预期奖励。由此，当优势函数 $A(s,a) \geq 0$ 时，表示在状态 s 下执行动作 a 的预期收益高于当前策略在状态 s 下的平均水平，否则说明动作 a 的执行效果低于平均水平。

在 PPO 算法中，针对优势函数的计算采用了 GAE（Generalized Advantage Estimation）来平滑和降低方差。GAE 会根据折扣因子对多个动作的优势进行加权平均，从而提供更稳定的估计结果。GAE 方法的表达式为：

$$A_t^{\mathrm{GAE}(R_t,\lambda)} = \sum_{l=0}^{T-t-1} (R_t\lambda)^l [R_{t+l} + \gamma V(s_{t+l+1}) - V(s_{t+l})]$$

其中，R_t 表示 t 时刻的累计奖励，λ 为加权累计的衰减系数，γ 为未来奖励的折扣因子。

2. 剪切

对于强化学习算法来说，上一小节中的优势函数已经可以作为策略更新的依据了，因此通过调整策略参数即可最大化预期回报，比如传统的策略梯度方法。但是

第九章　基于多智能体强化学习的项目绩效动态控制

直接调整策略梯度很可能导致策略更新幅度过大，进而导致收敛困难、过拟合、噪声放大等问题。在 PPO 算法中，剪切起着重要的作用，其主要目的是限制学习过程中策略 π_θ 更新的幅度，从而提高算法的稳定性并控制更新过程。PPO 算法通过剪切重要性采样比率（即策略更新的幅度）来确保每次更新都不会太大，从而防止策略"跨越"到一个不稳定的区域。如果策略的更新幅度过大，那么可能会导致训练的不稳定，进而导致策略发生剧烈的波动，最终难以收敛到一个良好的程度。此外，剪切操作可以限制策略变化的范围，降低梯度下降过程中的不稳定性，这有助于防止算法出现发散的情况，从而使训练更加稳定。剪切函数的表达式为：

$$L^{\text{CLIP}}(\theta) = \mathbb{E}_t[\min(r_t(\theta) * A_t, \text{clip}(r_t(\theta), 1-\epsilon, 1+\epsilon) * A_t)]$$

其中，$r_t(\theta) = \dfrac{\pi_\theta(a_t|s_t)}{\pi_{\theta_{\text{old}}}(a_t|s_t)}$ 是新策略 π_θ 与旧策略 $\pi_{\theta_{\text{old}}}$ 在时间点 t 下状态 s_t 选择动作 a_t 的重要性采样比率，用于度量新旧策略之间的差异幅度。如果 $r_t(\theta)$ 显著偏离 1，意味着新旧策略差异过大，则可通过剪切操作 $\text{clip}(r_t(\theta), 1-\epsilon, 1+\epsilon)$，并根据优势值 A_t 的正反和 $r_t(\theta)$ 是否在 $[1-\epsilon, 1+\epsilon]$ 范围内，对损失函数 $L^{\text{CLIP}}(\theta)$ 进行取值限制。具体地，当 $A_t > 0$ 时，说明当前动作是优势动作，所以策略更新要向增加新策略动作概率的方向进行，即使用 $r_t(\theta) * A_t$ 更新策略，但策略更新幅度不能过大，所以在 $r_t(\theta) > 1+\epsilon$ 时，会将函数值进行剪切，限制 $L^{\text{CLIP}}(\theta)$ 为 $r_t(\theta) = 1+\epsilon$ 时对应的函数值。同理，当 $A_t < 0$ 时，说明当前动作是劣势动作，那么要减小损失函数值，但减小幅度不能过大，所以在 $r_t(\theta) < 1-\epsilon$ 时，会将函数值进行剪切，限制 $L^{\text{CLIP}}(\theta)$ 为 $r_t(\theta) = 1-\epsilon$ 时对应的函数值。其中，ϵ 是一个小的超参数，用来控制剪切的范围，其通常设置为 0.1～0.3。图 9-4 给出了剪切操作的示意图。

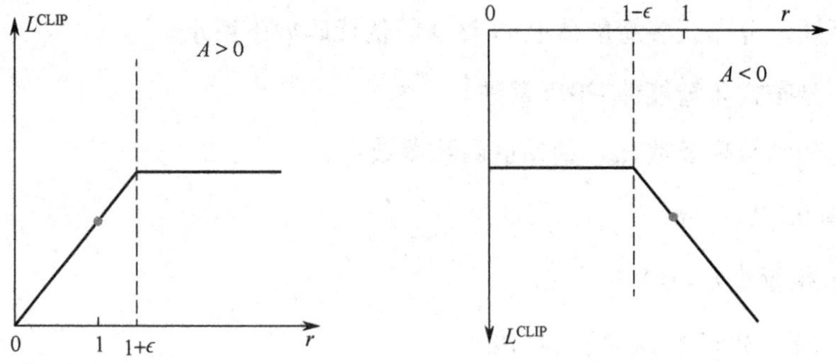

图 9-4　PPO 算法的剪切操作示意图

·109·

3. 奖励函数

奖励函数在算法设计中具有关键作用，因为它直接影响着算法的学习方向和最终表现。奖励函数用于评估每个决策的好坏，进而引导算法不断优化其策略。一个设计合理的奖励函数可以帮助算法更快速、更准确地学习最优策略，而一个不合理的奖励函数则可能导致算法朝着错误的方向进行学习，甚至出现不期望的行为。因此，奖励函数的好坏是决定算法成功与否的核心要素之一。

本文用 $r(s,a)$ 表示控制账户智能体在状态 s 执行动作 a 后的即时奖励值，其表示在一个时间段（从检查点 h 到 $h+1$）内发生的总成本（包括了进度折算为成本）。对于关键路径上（$TF_i(h+1)=0$）的控制账户，奖励函数定义为：

$$r(s,a) = \text{ACWP}_i(h+1) - \text{ACWP}_i(h) + \mu * \left(\frac{1}{\text{SPI}_i(h+1)} - 1 \right)$$

对于非关键路径上（$TF_i(h+1)>0$）的控制账户，则定义为：

$$r(s,a) = \text{ACWP}_i(h+1) - \text{ACWP}_i(h)$$

其中，$\text{ACWP}_i(h+1) - \text{ACWP}_i(h)$ 表示该时间段内发生的实际成本，$\mu * \left(\dfrac{1}{\text{SPI}(h+1)} - 1 \right)$ 表示该时间段内工作进度所折算出的目标函数中的成本，μ 表示进度与成本之间的转换因子。

假设下一个状态执行动作所获的立即奖励需要乘以一个折扣因子 γ，那么 h 检查点的奖励之和可定义为：

$$Q(s,a) = r(s,a) + \gamma * Q(s',a'),$$

其中，参数 $\gamma \in [0,1]$，用来权衡未来奖励对累计奖励的影响。

综上所述，分布式多智能体 PPO 算法的伪代码如下所示。

算法：分布式多智能体 PPO 算法

输入：初始策略参数 θ_0，初始值函数参数 ϕ_0；

for $k = 0,1,2,\dots$ **do**

    for 检查点 $h = 0,1,2,\dots$ **do**

        for 智能体 $i \leftarrow 1$ *to* N **do**

            if 智能体 i 应该工作 **then**

第九章　基于多智能体强化学习的项目绩效动态控制

　　在当前环境 $s_{i,h}$ 下基于策略 $\pi(\theta_{i,k})$ 选择动作 $a_{i,h}$；

　　在环境中运行策略 $\pi(\theta_{i,k})$ 以收集轨迹集 $\mathcal{D}_{i,k}=\{\tau_{i,j}\}$；

　　计算总浮动时间 $TF(h+1)$；

　　基于 TF 计算未来奖励 $\hat{R}_t$；

　　基于当前值函数 $V_{\phi k}$ 采用 GAE 计算优势估计 $\hat{A}_t$。

　　end

　　end

利用 Adam 优化器梯度上升以最大化 PPO-Clip 目标函数更新策略：

$$\theta_{k+1}=\arg\max_{\theta}\frac{1}{|\mathcal{D}_k|T}\sum_{\tau\in\mathcal{D}_k}\sum_{t=0}^{T}\min\left(\frac{\pi_\theta(a_t|s_t)}{\pi_{\theta_{\text{old}}}(a_t|s_t)}A^{\pi_{\theta_k}}(s_t,a_t),g(\epsilon,A^{\pi_{\theta_k}}(s_t,a_t))\right)$$

利用梯度下降以通过均方差回归拟合值函数：

$$\phi_{k+1}=\arg\min_{\phi}\frac{1}{|\mathcal{D}_k|T}\sum_{\tau\in\mathcal{D}_k}\sum_{t=0}^{T}(V_\phi(s_t)-\hat{R}_t)^2$$

end

end

　　本节介绍了 PPO 算法，重点分析了算法在高效策略更新、降低方差、稳定训练、控制更新幅度等方面的作用。同时，通过引入剪切机制，进一步增强了算法的稳定性。在对奖励函数进行设计时，本节提出了结合即时奖励和进度成本的方案，以合理平衡短期与长期收益，从而优化项目管理中的进度和成本控制策略。PPO 算法的整体设计旨在通过对强化学习算法的优化，提供更加精确和有效地决策支持。

9.4　实验测试与分析

　　本节通过某航空研制项目的数值案例来验证本章提出的基于多智能体强化学习的项目进度与成本绩效控制方法的有效性，特别是 9.3 节中提出的控制账户 PPO 算法相比于现有算法的优势。本实验利用 Python 3.11 实现了整体的动态控制算法，并使用一台配备了 11th Gen Intel(R) Core(TM) i9-11900K CPU @3.50GHz 处理器、32GB 内存的工作站作为实验平台。

· 111 ·

1. 数值案例与实验设置

本实验基于一个包含了 7 个控制账户（活动）的项目案例来展开。该项目的计划总工期为 480 天，预算总成本为 810 万元（其中未包含不可预见费用等）。在项目执行期内设置了 48 个检查点，每个相邻检查点间隔 10 天。图 9-5 展示了由 7 个控制账户构成的项目网络计划图以及控制账户之间的前后搭接关系。表 9-2 列出了 7 个控制账户的计划工期和预算成本。由此，项目在计划方案中的关键路径为 $AC_1 \rightarrow AC_3 \rightarrow AC_5 \rightarrow AC_6 \rightarrow AC_7$，非关键路径上的 AC_2 和 AC_4 的初始总浮动时差 TF 为 20 天，其余账户均无初始 TF 余量。此外，实验中为 7 个控制账户分别设置了进度和成本的随机因素，这些因素的概率分布满足均值为 0，方差为 0.1 的正态分布，成本进度转化因子设置为 $\mu = 0.5$。

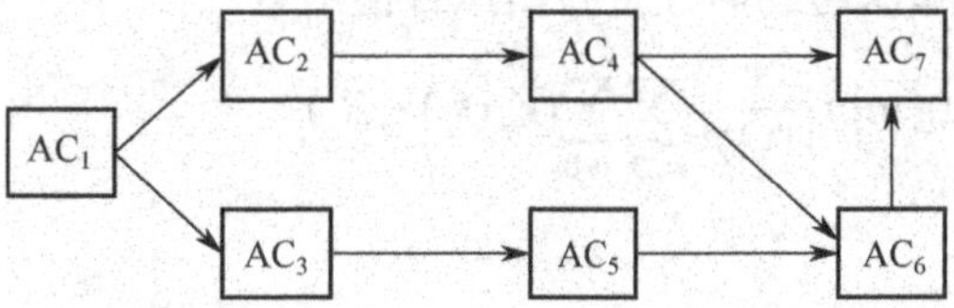

图 9-5 实验案例的项目网络计划图及控制账户间的搭接关系

表 9-2 实验项目控制账户的计划工期和预算成本

控制账户编号	AC_1	AC_2	AC_3	AC_4	AC_5	AC_6	AC_7
计划工期（天）	120	60	80	60	60	60	40
预算成本（万元）	120	90	190	70	100	200	40

在该案例项目的分布式多智能体框架中部署了 7 个控制账户智能体，每个智能体 A_i 负责控制对应的控制账户 i（$i=1,2,\cdots,7$）。同时，增设中央智能体 A_0 负责向 7 个控制账户智能体广播项目整体的进度与成本状态以及各控制账户的浮动时差 $TF_i(h)$。控制账户智能体之间则通过网络计划图中的搭接关系产生联系。前序控制账户完成所有工作任务后，将完工信息传递给后序控制账户的智能体，以启动后序工作任务。单控制账户的 PPO 算法相关参数设置如下：

- 学习率：控制每次更新参数时的步长大小，PPO 算法通常使用 Adam 优化器，并将学习率设定为 0.001。

- 折扣因子：决定了算法对未来奖励的重视程度，较高的折扣因子使算法更注重长期奖励。在项目进度和成本控制中，长期奖励更加关乎于整个项目的最

第九章　基于多智能体强化学习的项目绩效动态控制

终成本和工期，因此本实验中将折扣因子设置为0.99。

- 批量大小：表示在每次策略更新时，PPO 算法用来计算梯度的样本数量，本实验设置为128。

- 剪切范围：即剪切函数中的ϵ，本实验设定为0.1。

2．测试结果分析

针对上述项目案例，应用本书提出的多智能体分布式项目绩效动态控制方法进行了 30 次重复实验。首先，通过实验数据发现算法可以在较短的训练次数后收敛到稳定的控制策略上，平均收敛次数为 116 幕（Episodes），即算法平均经过 116 个历史项目的数据训练后，可以收敛。图 9-6 展示了算法在某次训练中的收敛情况。在30 次重复实验中，算法得到的总成本的均值和标准差如表 9-3 所示。需要注意的是，表中的总计划预算并不是总成本的最优下界，而是项目执行前所有账户的BCWS 的总和。

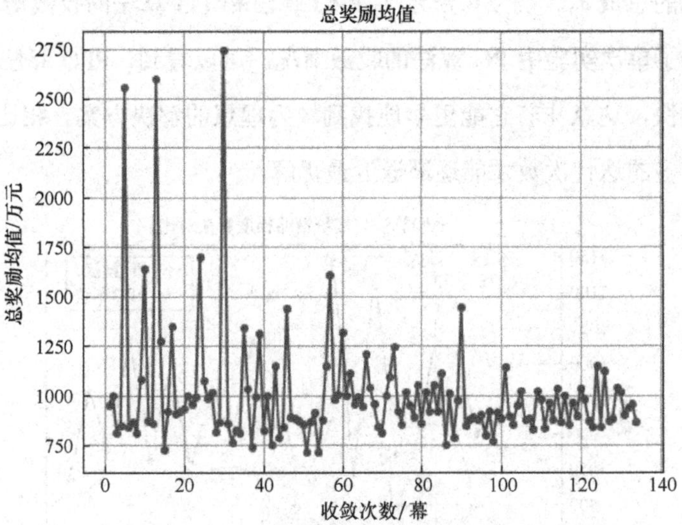

图9-6　某次训练中算法收敛情况

表9-3　算法实验效果数据

实验次数	总计划预算（万元）	实际总成本均值（万元）	实际总成本标准差（万元）
30	810	826.42	45.27

3．对比测试

策略梯度算法（Policy Gradient，PG）是一种直接优化策略的强化学习方法。与基于值进行更新的算法不同，PG 算法不显式地估计价值函数，而是通过将策略参数化，直接对策略进行优化。通过最大化某种目标函数（如累计奖励的期望值），PG 算法可以在连续空间和动作中找到最优策略。

实验将对比 PPO 算法和 PG 算法的求解效果。对比实验将按照以下步骤进行：首先，记录 PPO 算法在分布式多智能体框架中的完整运行过程，包括各检查点的噪声和项目工期成本状态；然后，利用记录的信息进行其他算法的测试，即进行重复实验并对比总成本，以比较算法的有效性。噪声水平的记录有助于了解算法在面对不确定性时的鲁棒性；而项目状态则直接反映了算法在项目进度和成本控制方面的效果。通过持续地收集数据，能够观察到 PPO 算法随着时间的推移逐步降低了项目的总成本，尤其是在处理复杂多变的项目结构时，表现出了更高的灵活性和适应性。

图 9-7 展示了 PPO 算法和 PG 算法的结果对比，可以看出，PPO 算法结合本文的分布式多智能体框架可以有效地控制总成本及进度惩罚成本，其较传统 PG 算法降低了 12.5%的总成本。表 9-4 展示了 PPO 算法和 PG 算法的收敛情况对比结果，而图 9-8 展示了单次实验中 PG 算法的收敛情况。可以看到，PPO 算法在训练过程中的收敛速度更快，这意味着它能更早地找到较为理想的解决方案。相比之下，PG 算法往往需要更多的迭代次数才能逐渐逼近最优解。

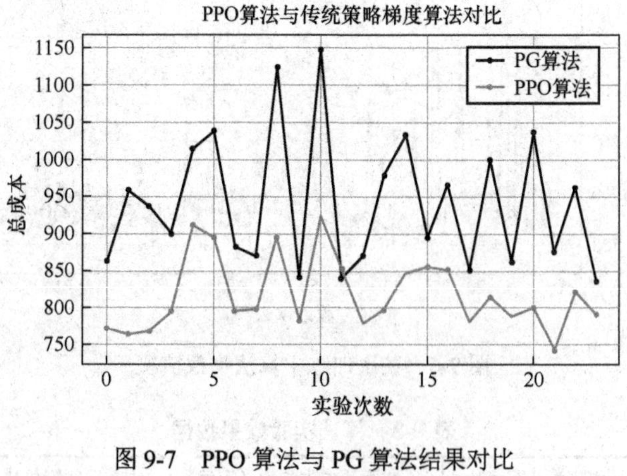

图 9-7 PPO 算法与 PG 算法结果对比

表 9-4 PPO 算法与 PG 算法收敛情况对比结果

算　　法	收敛所需训练幕数均值	收敛所需训练幕数标准差
PG	261	13.65
PPO	116	7.83

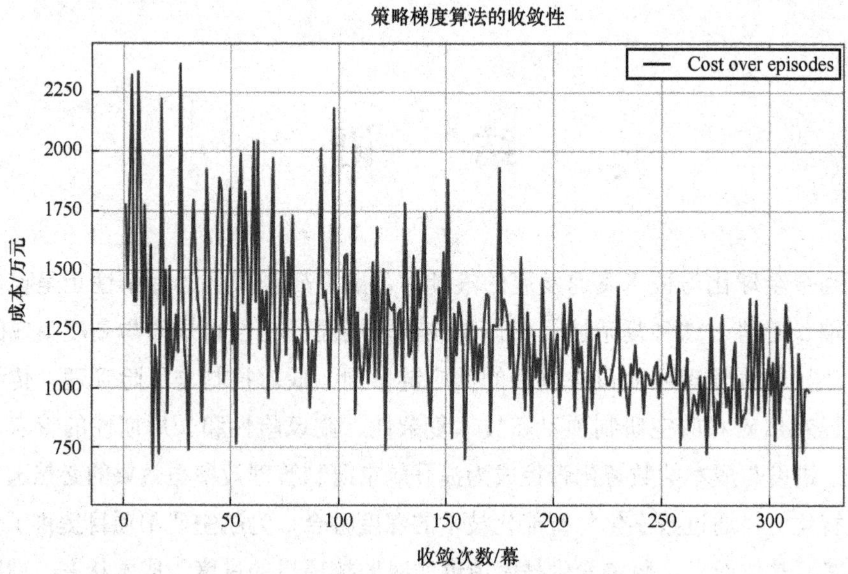

第九章　基于多智能体强化学习的项目绩效动态控制

图 9-8　PG 算法在单次训练中的收敛情况

　　总的来说，实验证明在分布式多智能体框架下，PPO 算法能够有效地节约项目总成本，包括进度的惩罚成本，这也就意味着其可以同时有效地控制进度和成本两个维度的绩效状态，在项目执行过程中保证项目纠偏满足"保进度、降成本"的要求。PPO 算法的收敛性能和运行速度均合格，相比于传统算法也有较大的优势，能够在实际项目进行过程中带给项目管理者一定的管理启示。

结　语

在当今全球化与技术飞速发展的浪潮中，航空研制项目的复杂性正呈现出前所未有的增长趋势。这种复杂性不仅体现在技术层面的跨学科协作与高度集成的系统设计，还延伸到管理层面日益复杂的供应链协同、成本控制与风险管理。传统的管理方法已难以应对航空研制项目高技术复杂性、高风险性和长周期性的特点。在此背景下，进度与成本的数智化管控成为提升航空研制管理效率与效果的必然选择。

数智化管控通过数字化与智能化技术的深度融合，为航空研制项目提供了全新的解决思路。具体而言，数字孪生技术能够实时监控项目的进度与成本状态，精准定位问题并快速响应；人工智能与强化学习技术可以基于历史数据进行预测，为决策提供科学依据；大数据分析则为项目全生命周期的优化提供支持。这些技术的应用不仅显著提升了项目管理的精度与效率，还为行业的创新发展注入了强劲动力。从国家层面来看，航空工业是国家科技实力和综合国力的重要体现。通过数智化管控，航空研制项目能够更高效地实现目标，降低成本，提高产品质量，这对于增强国家航空工业竞争力、维护国家安全和推动经济发展具有重要意义。同时，数智化转型也是我国航空工业迈向自主创新和高质量发展的关键一步，是实现技术追赶与超越的重要途径。

本书围绕航空研制项目进度与成本数智化集成管控这一主题，从理论基础到实践应用，从数字化体系设计到智能化算法模型，系统地探讨了这一领域的核心问题与解决方案。本书首先从宏观层面介绍了航空研制项目管理的基本概念和发展历程。然后，详细解析了进度与成本数字化管控体系，明确了基础功能模块与核心功能模块的作用与实现方法。书中进一步探讨了绩效控制账户的设置、进度计划与状态监测、成本计划与状态监测等关键管理流程。此外，还对研制单位中部门及人员的角色与责任进行了设定，为未来体系的落地实施提供了可操作性指引。最后，本书通过引入系统动力学模型、多智能体仿真技术及强化学习算法，构建了项目进度与成本状态预测与动态控制的智能化模型。特别是基于深度强化学习的动态控制算法，通过优化管控决策过程，实现了对复杂项目绩效的精准预测与高效控制。上述内容不仅为航空研制项目的数智化管控提供了理论指导，也为实践应用提供了可参考的方法与工具。

尽管本书从多个层面探讨了航空研制项目进度与成本数智化集成管控的理论与实

践，但这一领域仍处于快速发展阶段，未来还有许多值得深入研究与探索的方向。

1. 数据安全与隐私保护

在数智化管控过程中，数据的共享与利用是提升效率的关键。然而，如何在确保数据安全的前提下实现配套协作单位之间信息的高效共享，仍是一个亟待解决的问题。特别是在涉及国家安全的航空研制项目中，数据安全的重要性尤为突出。

2. 数字孪生技术的全面应用

尽管数字孪生技术在航空研制项目中的潜力巨大，但其全面应用仍面临诸多挑战。例如，如何构建高精度的数字孪生模型？如何在项目全生命周期中维护模型的动态更新？这些问题的解决将进一步推动数字孪生技术在航空研制项目的应用深度与广度。

3. 智能化与可解释性

未来，通过引入先进的大模型等人工智能技术，可以实现项目管理的自动化和智能化，从而进一步提高管理效率和精度。同时，我们也应清醒地认识到，许多人工智能技术，包括本书提出的强化学习算法，在航空研制项目管理中的应用仍处于实验阶段，其决策过程的"黑箱"特性可能会影响管理者的信任与接受。未来，需要进一步提升算法的可解释性，使其在实际应用中更加透明与可靠。

4. 技术与管理的深度融合

本书探讨了数字化与智能化技术在项目管理中的应用，但技术手段与传统管理模式的融合仍然存在一定的挑战。例如，如何在快速变化的外部环境中保持项目管理的灵活性？如何在技术驱动的管理模式下，兼顾组织文化与人员能力的提升？这些问题需要进一步研究。

5. 数字化转型的组织变革

数字化与智能化技术的应用不仅是技术层面的变革，更是组织层面的深刻转型。如何推动航空企业在组织结构、管理流程与文化理念上的变革，以适应数智化管控的需求，是未来需要重点关注的问题。

未来，随着项目管理、人工智能等理论与技术的进一步发展，航空研制项目的数智化管控将迎来更加广阔的前景。我们期待着这一领域的持续创新，也希望本书能够为推动航空工业的高质量发展贡献一份力量。正如航空工业的每一次突破都离不开无数人的共同努力，航空研制项目的数智化管控也需要全行业的协作与探索。让我们共同努力，创造出我国航空工业更加辉煌的明天！

参 考 文 献

[1] 高建伟. 大型复杂项目研制成本的灰色预算方法[J]. 科技管理研究, 2013, 33(23):224-227.

[2] Akintola A. Analysis of factors influencing project cost estimating practice[J]. Construction Management and Economics, 2000, 18(1): 77-89.

[3] Wang W. Supporting project cost threshold decisions via a mathematical cost model[J]. International Journal of Project Management, 2004, 22(2): 99-108.

[4] Teo K L, Jennings L S. Optimal control with a cost on changing control[J]. Journal of Optimization Theory and Applications, 1991, 68(2): 335-357.

[5] Wang D, Qiao J F, Cheng L. An approximate neuro-optimal solution of discounted guaranteed cost control design[J]. IEEE Transactions on Cybernetics, 2022, 52(1): 77-86.

[6] Jørgensen T, Wallace S. Improving project cost estimation by taking into account managerial flexibility[J]. European Journal of Operational Research, 2000, 127(2): 239–251.

[7] 周国华, 马依婷. 基于改进 NSGA-Ⅱ的铁路项目进度计划多目标优化[J]. 工业工程, 2023, 26(4): 85-95.

[8] 袁军, 曹德成. 利用遗传算法实现进度计划的多目标优化[J]. 系统工程, 2002, (3): 1-8.

[9] 徐小峰, 李想, 刘家国. 项目关键链资源计划进度偏差预警控制模型[J]. 系统工程学报, 2014, 29(6):845-851.

[10] Gan L, Xu J P. Control risk for multimode resource-constrained project scheduling problems under hybrid uncertainty[J]. Journal of Management in Engineering, 2015, 31(3).

[11] Neumann K, Zhan J. Heuristics for the minimum project duration problem with minimal and maximal time lags under fixed resource constraints[J]. Journal of Intelligent Manufacturing, 1995, 6(2): 145-154.

[12] Trojet M, Mida H F, Lopez P. Project scheduling under resource constraints: Application of the cumulative global constraint in a decision support framework[J]. Computers & Industrial Engineering, 2011, 61(2): 357-363.

[13] Eun H K, William G W J, Michael R D. A model for effective implementation of earned value management methodology[J]. International Journal of Project Management, 2003, 21(5): 375-382.

[14] Barrientos-Orellana A, Ballesteros-Pérez P, Mora-Melia D, et al. Stability and accuracy of deterministic project duration forecasting methods in earned value management[J]. Engineering, Construction and Architectural Management, 2022, 29(3): 1449-1469.

[15] Song J, Martens A, Vanhoucke M. Using earned value management and schedule risk analysis with resource constraints for project control[J]. European Journal of Operational Research, 2022, 297(2): 451-466.

[16] 田昀, 袁莹莹, 曹金龙等. 复杂装备研制项目的动态挣值管理与可视化技术[J]. 系统工程, 2014,

32(4): 45-53.

[17] Yu F, Chen X, Cory C A, et al. An active construction dynamic schedule management model: using the fuzzy earned value management and BP neural network[J]. KSCE Journal of Civil Engineering, 2021, 25(7): 2335-2349.

[18] Pewdum W, Rujirayanyong T, Sooksatra V. Forecasting final budget and duration of highway construction projects[J]. Engineering, Construction and Architectural Management, 2009, 16(6): 544-557.

[19] Sobel M J, Szmerekovsky J G, Tilson V. Scheduling projects with stochastic activity duration to maximize expected net present value[J]. European Journal of Operational Research, 2009, 198(3): 697-705.

[20] Li H, Womer N. Solving stochastic resource-constrained project scheduling problems by closed-loop approximate dynamic programming[J]. European Journal of Operational Research, 2015, 246(1): 20-33.

[21] Bertazzi L, Mogre R, Trichakis N. Dynamic project expediting: a stochastic shortest-path approach[J]. Management Science, 2024, 70(6): 3748-3768.

[22] Nassar N, AbouRizk S. Introduction to techniques for resolving project performance contradictions[J]. Journal of Construction Engineering and Management, 2016, 142(8): 04016027.

[23] Mahdi M N, Mohamed Zabil M H, Ahmad A R, et al. Software project management using machine learning technique—a review[J]. Applied Sciences, 2021, 11(11): 5183.

[24] Ertek G, Tunc M M, Zhang A N, et al. Data Mining of Project Management Data: An Analysis of Applied Research Studies[C]//the 2017 International Conference. 2017. DOI: 10.1145/3176653. 3176714.

[25] Rijke J, van Herk S, Zevenbergen C, et al. Adaptive programme management through a balanced performance/strategy oriented focus[J]. International Journal of Project Management, 2014, 32(7): 1197-1209.

[26] Sonmez R, Sönmez F Ö, Ahmadisheykhsarmast S. Blockchain in project management: a systematic review of use cases and a design decision framework[J]. Journal of Ambient Intelligence and Humanized Computing, 2023: 1-15.

[27] Schumann D C. Earned Value Management (EVM) System Description[R]. 2019.

[28] Terrell S M, Richards B W. Earned Value Management (EVM) Implementation Handbook[R]. 2018.

[29] Kwak Y H, Anbari F T. History, practices, and future of earned value management in government: Perspectives from NASA[J]. Project Management Journal, 2012, 43(1): 77-90.

[30] Liggett W, Hunter H, Jones M. Navigating an earned value management validation led by NASA: A contractor's perspective and helpful hints[C] 2017 IEEE Aerospace Conference. IEEE, 2017: 1-28.